LE
MAGISTRAT
CHRESTIEN.

Par le Reverend Pere Y V E S
D E P A R I S, *Predicateur*
Capucin.

Conservé & mis en ordre par les soins
du Pere Yves de Paris, neveu,
Predicateur Capucin.

Dedié à Monseigneur D E B O U C H E R A T,
Chancelier de France.

A P A R I S,
Chez NICOLAS PADELOUP,
ruë saint Jacques prés saint Yves,
au Mont-Carmel.

M. DC. LXXXVIII.
Avec Approbations, & Privilege du Roy.

A MONSEIGNEUR

DE

BOUCHERAT,

CHANCELIER

DE FRANCE.

 ONSEIGNEUR,

La nature qui inspire à tous
les estres la conservation leur fait
en mesme-temps choisir des sujets
capables de les maintenir, de leur
faire honneur, & de les proteger
dans les rencontres, par leur crea-

EPISTRE.

dit, leur puissance, & leur merite. Dans cette pensée, j'ay crû
MONSEIGNEUR, que je
ne pouvois à personne du monde
mieux qu'à vostre Grandeur, dé-
dier les dernieres Oeuvres du R.
P. Yves de Paris, Capucin, qui re-
hausseront sans doute leurs éclats,
sous les auspices de vostre autorité suprême, & de vostre approbation judicieuse : elles portent
pour titre en ce volume celuy de
Magistrat Chrestien, deux qualitez que vostre illustre Personne
remplit dignement. La premiere,
par la Charge éclatante de Chancelier & Garde des Seaux, dont
nostre sage Monarque vous a honoré dans son Royaume : Dignité
qui en suppose plusieurs autres,
toutes capables en particulier de
rendre un homme recommandable
au siecle, & que vous exercez
avec autant de gloire, qu'elle

EPISTRE.

supposé de grandeur. La seconde,
ne vous est pas, MONSEI-
GNEUR, moins familiere:
car vous sçavez unir la vertu
d'un fidelle Chrestien avec l'integrité d'un Juge équitable; si d'u-
ne main vous tenez la balance
pour la faire pancher du costé du
merite, de l'autre vous n'estes pas
moins Zelé pour les interests de
Dieu, & de l'Eglise, de sorte que
l'on peut également appeller vostre
Grandeur un Magistrat Chrê-
tien, un Chrestien équitable. Au
reste, s'il est vray que la renommée fait parler les morts, & que
la sepulture d'un Illustre par par-
ticipaion à celle du Sauveur, est
éclatante, nostre plume forte dira
par ses Livres qui nous restent,
comme des tresors précieux d'instructions salutaires, qu'elle se
fera une gloire d'avoir l'appuy
d'une puissance premiere, & d'une

capacité éminente en la Personne
de vostre Grandeur ; & que son
Illustre Nom à la teste de ses
Oeuvres , sera un passeport pour
les faire paroistre à tous les coins
de l'Univers. C'est MONSEI-
GNEUR, la grace que vous demande l'Auteur de celuy-cy par
ma bouche , & moy en particulier la permission de me dire avec
un profond respect ,

MONSEIGNEUR,

Vostre tres-humble , &
tres-obeïssant Serviteur
F. YVES DE PARIS ,C.

Ous serez étonné, mon cher Lecteur, de voir au commencement de ce Livre le nom d'un celebre Auteur, que la mort a retiré du monde depuis plusieurs années ; parce qu'elle traite également les Illustres, & les ignorans, sans considerer personne. Mais vostre surprise sera agreable, quand vous considererez la distinction des forts genies, d'avec ceux du commun, que les derniers font en oubli dans leurs tombeaux, lorsque les autres, quoy que morts, vivent par leur sçavoir, qui les rend venerables à la posterité: Le R.P.Yves de Paris, Capucin, estoit de ce dernier caractere, le commence-

ment de ſa vie toute grande par
l'exercice d'Advocat , dans l'illuſtre Parlement de Paris, qu'il
y a exercé , nous le dit de reſte.
La multitude de ſes beaux Ouvrages, comme ſçavantes productions de ſon eſprit, éminent ſur
toutes ſortes de ſujets , le prou-
vent plus que ſa bouche : & perſonne ſans injuſtice, ne luy peut
refuſer le titre d'eſtre la forte
plume du ſiecle, le fleau de l'he-
reſie , le défenſeur de l'Egliſe,
l'admiration de l'Univers , &
l'ornement de ſon Ordre, par ſes
vertus éclatantes. Vous eſtes au
reſte redevable , mon cher Lecteur , au Pere Yves de Paris,
Capucin , néveu du regretable
défunt , pour vous avoir con-
ſervé avec ſoin, comme un rare
treſor, trois manuſcrits, l'un qui
a pour titre, *Le Magiſtrat Chre-*
ſtien ; le ſecond, les fauſſes opi-

nions du monde ; & le dernier,
des Maximes Morales , avec
leurs exceptions, trois Livres admirables : la lecture du premier
qu'il vous offre , vous donnera
envie de voir les deux autres,
auſſi vous ne ſerez pas fruſtré de
vos attentes, car il vous en promet l'impreſſion au plûtoſt, pour
éterniſer la memoire de l'Ecri-
vain, s'en faire une gloire à luy-
meſme, & vous procurer un notable profit par leurs lectures.

Table des Chapitres.

Fin de la Table.

LE

LE MAGISTRAT CHRESTIEN.

AVANT-PROPOS.

L A Philosophie pro-
phane s'accorde a-
vec la Chrestienne,
en ce que toutes deux rappel-
lent l'homme à une solide
consideration de sa nature, &
à faire l'estime qu'il doit de
ses excellences ; afin que dans
ces sublimes sentimens, il ne
conçoive rien de lâche, qui
l'abaisse, ou qui le deshonore ;
mais qu'une genereuse ardeur
l'entretienne dans les pratiques des plus éminentes ver-

A

tus. Ces veuës generales,
font comme les grandes maximes, vrayes fans contredit,
mais dont on ne voit pas de
bons effets, fi la prudence
n'employe tous fes yeux &
toutes fes mains pour les
ajufter aux conditions des fujets particuliers où elles doivent eftre appliquées. Elles
font comme les loix de la nature qui ne fuffiroient pas à
la conduite des perfonnes, ni
des Etats, fi la fageffe n'ache-
voit cet ébauchement par des
ordres particuliers, & ce de-
mi-jour, par de plus grandes
lumieres. Ainfi puis que les
Magiftrats ne font pas feulement des hommes, mais qu'ils
en font les Tuteurs, les Peres,
les Juges; il ne fuffit pas qu'ils
fe confiderent avec les feules
qualitez communes à noftre

espece, s'ils n'y joignent celles qui regardent l'éminence
de leur employ ; autrement,
ce feroit juger de l'or & du
diamant, par ce qu'il a de commun avec les autres metaux.
Le Magiftrat eft au deffus du
peuple , dans une éminence
dont il ne doit jamais perdre
la veuë , pour y ajufter toute
fa conduite ; il fe voit dans
une élevation environnée de
précipices , où fes démarches
doivent eftre plus contraintes
& plus mefurées , que dans un
grand chemin de campagne ;
car fes chûtes , ou fes déreglemens caufent de notables alterations dans l'Etat.

Il reprefente le Prince en
l'adminiftration de la juftice,
qui eft le principal effet du
gouvernement ; fes collegues
font avec luy les yeux & les

mains de sa Majesté en ce
grand employ, ainsi comme
inseparables de sa personne &
de son authorité; à l'égard des
autres états ils sont hors de
comparaison. Faites donc telle
estime qu'il vous plaira des
riches, parce qu'ils possedent
toutes choses avec l'or qui en
est le prix. Considerez un fa-
vori dans le plus haut point
de la fortune, en ce qu'il
gouverne tout par amour, s'il
possede le cœur de son Monarque, qui mesme souhaite,
& ne peut toûjours avoir cette heureuse maniere de gouvernement: Que la renommée
donne aux grands Capitaines
tous les éloges que merite
leur prudence & genereuse
conduite; que l'histoire les rende admirables aux siecles à venir, un conseil d'enhaut, un e

Cour de Parlement avec les Prefidens & les Confeillers qui la compofent, jugent toutes ces perfonnes illuftres.

Il eft vray qu'elle reçoit fon autorité du Roy, mais comme fon cœur eft en la main de Dieu, nous devons confiderer fa divine Majefté comme le premier mobile de fes juftes volontez, & croire que les perfonnes de merite font avancez aux Offices de judicature par un ordre fecret de fa providence; & ainfi ne les pas moins regarder comme les miniftres de Dieu, que du Roy. En effet il ne tient pas fimplement ces fouverains Juges comme fes fujets, il regarde en eux quelque chofe de furhumain, lorfque dans les procés qu'il peut avoir avec les particuliers, il

se soûmet à leur jugement, &
souffre d'en estre condamné,
si sa cause n'est pas la meil-
leure. Ainsi la nature donne
les forces actives & la matiere aux artisans, qui ensuite
de ce qu'ils en ont receu, la
corrigent & la perfectionnent
par la raison qu'ils tiennent
de Dieu : le Soleil tire de la
terre des vapeurs, & puis les
resout en pluyes qui luy donnent ses feconditez, pour la
naissance qu'elles en ont receu. Les Juges prennent du
Roy l'autorité de rendre à
tous la justice, & quand ils le
reduisent luy-mesme à l'egalité que les loix ordonnent,
& le rendent juste, ils en
font un veritable Prince dans
son Etat, qui ne peut estre
tranquille, heureux, ni florissant que par la Justice.

Quand les Juges & les Magiftrats rendent ces bons offices aux peuples, dont ils font les Anges tutelaires; aux Princes, dont ils font les yeux & les bras pour les foulager; à l'Eglife, dont ils défendent les droits comme de leur mere, par tous les devoirs de la pieté : Quand ils fe confiderent établis de Dieu dans un miniftere le plus important de tous, ils ont fujet de veiller fur leur conduite avec toutes les lumieres de la prudence, & toutes les ardeurs d'un zele qui travaille pour le bien public. Cette condition en apparence fedentaire, eft neanmoins la plus agiffante de toutes par les operations de l'efprit, de cette partie qui fait l'homme & qui l'approche des Anges. Tous les jours la ge-

A iiij

nerosité s'y trouve engagée
dans des emplois plus heroïques que s'il falloit gagner
des batailles, quand il faut
qu'un seul pour la protection
de la verité & de l'innocence,
tienne fort contre la mauvaise foy, appuyée de la multitude, soûtenuë par les puissances armées, sous lesquelles les
biens, l'honneur, & la vie
sont en grand peril. Rétablir
à ce prix là la Justice au monde, d'où l'on dit qu'elle est
bannie, exterminer l'iniquité
dont la violence est devenuë
comme universelle ; rendre
icy-bas le Royaume de Dieu
florissant comme dans le Ciel,
ce seroit l'office d'un Ange
que les méchans ne pour-
roient ni voir, ni offenser ;
mais qu'un homme entreprenne cette grande affaire, & y

déploye ses efforts, avec tant
d'interests qu'il faut exposer
pour un bien public, & pour
la cause du Createur, c'est
une sainte generosité, & une
espece de martyre, qui nous
rend les Juges & les Magistrats venerables. Cette integrité cherie de Dieu, l'asyle
des peuples & des pauvres,
le frein des puissances, le fondement de la Monarchie, de
sa paix, de ses forces, de ses
victoires, est un triomphe perpetuel sur les desordres que
l'enfer a mis dans le monde.
On a sujet de comprendre
toutes les vertus sous le nom
de la Justice; parce qu'elle en
est la source, une perfection,
une harmonie qui réüssit de
leur concert, une splendeur
éclatante qui rejalit de leur
assemblage. Je tâche de le re-

prefenter en ce petit livre,
où il eſt difficile que les Magiſtrats ne voyent, comme
dans un miroir, les éminentes beautez de leurs emplois,
avec quelque ſorte de com-
plaiſance, qu'ils ne s'y attachent avec amour & avec zele, cependant que les peuples
en recueilleront les favorables
effets, que la renommée en
publiera les loüanges, & que
le ciel leur prepare des couronnes plus riches, que celles
dont le monde les peut ho-
norer.

Chapitre Premier.

Dieu est une verité & une Iustice essentielle.

IL est permis à noftre efprit
de s'élever au deffus du
temps, d'où l'on commence
à compter celuy du monde,
& fans permettre que cet in-
ftant foit le premier objet de
nos penfées, les étendre fans
aucunes bornes dans une durée qui jamais n'eut de commencement, & jamais n'aura
de fin. Ce n'eft pas fe figurer
à plaifir des efpaces imaginai-
res, un vuide, & des priva-
tions infinies ; car la durée eft
d'un fujet, & cette éternité
qui fignifie une plenitude,
toûjours la mefme, fans de-

chet, comme ſans accroiſſement, eſt la durée & l'eſſen-
ce meſme de Dieu, que nous
devons concevoir ſouveraine-
ment parfaite, la cauſe des
cauſes, la premiere indépendante de toutes, une intelligence, une vie, une lumiere,
une bonté une ſageſſe, une
puiſſance infiniment heureuſe en elle-meſme, parce qu'elle eſt l'eſſentielle fruition de
ſes biens propres, infinis. Sup-
poſé cette nette comprehen-
ſion que Dieu a de ſa puiſſance dans l'éternité, il forme
l'idée de tous les eſtres qui en
pouvoient eſtre produits, &
de tous ceux que ſa bonté
vouloit tirer de l'eſtre poſſible
dans l'eſtre actuel, avec toutes les qualitez que ſa Sageſſe
voit eſtre propres à la perfection de leur nature. Cette

conformité de son decret *D. Thom.
1. q. 21,
a. 1.* avec les ordres de sa sagesse, est la premiere verité & la premiere justice qu'il se rend à luy-mesme, & qui est l'idée de celle que nous tâchons d'imiter par nos deferences à la Loy, nous la recevons d'une puissance superieure ; mais Dieu est à soy-mesme sa Loy, & sans toutes ces distinctions que nostre foiblesse se forge pour se faciliter le concept d'un infini, la sagesse, la volonté, la verité, la justice ne sont en luy qu'une mesme essence, qu'un mes*Ibid.
3.*me acte essentiel & indivis.

Sur ces idées eternelles, il crea le monde, & posa toutes ses parties en l'ordre qu'elles tiennent encore aujourd'hui avec les puissances, les mouvemens, les activitez, les

fimpathies , les vifions propres aux fins qu'il leur pref-
crit par une juftice que nous
appellons diftributive , en ce
qu'elle rend à chacun ce qui
qui luy eft deû ; non pas que
la creature puiffe prétendre
quelque droit de Dieu , mais
ce droit fe rapporte tout à fa
Majefté divine , qui veut accomplir ce que fa fageffe a jugé , ce que fa volonté a refolu,
comme le meilleur pour la
perfection de fa creature.
Ayant tout produit de rien il
n'a pas confideré les merites
qu'avoient les globes celeftes,
les aftres , & les élemens pour
leur affigner le lieu qu'ils
tiennent de l'Univers, car lors
n'ayant point l'eftre , ils n'é-
toient point fufceptibles de
qualitez : mais fa bonté leur
donna avec l'eftre les merites

proportionnez à l'éminence où
elle les élevoit, elle les enno-
blit, & ſa Juſtice les couronne par ces remarquables pré-
rogatives. Son amour fait les
beautez qui meritent ſa com-
plaiſance, comme le noſtre les
ſuppoſe pour avoir raiſon de
s'y attacher. Dieu rend le ciel
un corps éclatant, incorruptible, exempt d'une peſanteur
qui l'abaiſſe, d'une legereté
qui l'éleve, ſans avoir de centre qui l'arreſte, afin qu'il ait
la liberté de rouler tout au
tour du monde, pour animer
ſucceſſivement les deux He-
miſpheres de ſes influences;
car la terre ne ſeroit pas capable de les ſouffrir, ſi elles
eſtoient continuelles, & ſi elles n'eſtoient temperées par
ces regulieres intermiſſions.
Ce ciel eſt un corps, mais le

plus noble de tous , approchant des ſubſtances intelle-
ctuelles, dont il imite l'incor-
ruption & l'activité par les
retours qu'elles font ſans fin
d'elles-meſmes ſur leur principe , & de leur principe ſur
elles-meſmes ; ſon mouve-
ment circulaire & regulier en
eſt une ſenſible expreſſion , &
une qualité dominante qui
l'éleve au deſſus des choſes
inferieures, pour les tenir toutes en bride, pour les conduire
dans leurs agitations , & les
relever de leurs défaillances.
Il domine ſur le feu qu'il oblige à ſuivre ſon mouvement;
ſur l'air qui eſt le porteur de
ſes lumieres & de ſes influences ; ſur toutes les eſpeces des
choſes inferieures qu'il con-
ſerve dans le nombre , dans les
proprietez , & les propagations
que

que Dieu leur a preſcrit , que
ſi les defauts de la matiere ou
d'un agent particulier y apportent du changement, il l'arreſte en un ſeul ſujet ; de ſorte
qu'une naiſſance monſtrueu-
ſe fait paroiſtre la regularité
de toutes les autres. Ses lumieres ſont l'ame du monde ,
elles réjouiſſent toutes les
creatures , elles leur rendent
les figures , les couleurs , les
beautez , auparavant confuſes
& enſevelies dans les tenebres ; elles conduiſent nos pas
pour le mouvement local, nos
mains pour toutes ſortes d'artifices ; les moindres petites
bluetes de cette miraculeuſe,
quoy qu'imperceptible qualité qu'il engage dans la ſubſtance des diamans , des rubis,
des émeraudes , forment les
objets qui contentent plus la

veuë , & qu'on estime les plus
précieux. Le Soleil nous fait
la diversité des saisons extrêmement propres aux feconditez de la terre, à la bonne disposition de nos corps, à soulager les dégousts & les fatigues de la vie par cette sur-
prenante diversité. La Lune
domine sur les eaux & sur toutes les choses humides; quand
elle est plaine , elle remplit
les plantes & les arbres d'une
abondance d'humeurs, les os
de moüelle , les poissons de
chair , quand elle monte de
l'horison au midy , & du cou-
chant au minuit, elle tire la
mer sur nos terres, comme elle
en cause le reflus , quand elle
descend. Enfin si l'on croit aux
anciennes observations de l'a-
strologie , hors la liberté de
l'homme toutes les choses d'i-

ci-bas dépendent du ciel, celles d'une plus longue durée,
des étoilles fixes, les communes alterations , des planetes.
C'eft donc le grand effet de la
Juftice diftributive de Dieu,
d'avoir donné l'empire des
corps à celuy d'entr'eux ,
qu'elle a rendu pour cet effet
le plus noble, le plus excellent
en qualitez , dans un étage
plus relevé , pour les répandre
fur tous les autres par des ef-
fufions continuelles qui ne le
laffent , & qui ne l'épuifent
jamais.

S'il fe trouve des efprits audacieux jufques à cenfurer
cette Juftice de Dieu, & dire
que fa bonté eftant infinie,
elle devroit être egalement li-
berale à tous les êtres, & ne
mettre pas en la nature tant
de differences , d'imperfe-

ætions , de contrarietez qui la deshonorent ; ne pas donner tout ce qu'il y a de faveurs sensibles aux méchans , & reduire ordinairement les gens de bien au dernier point de la misere. Pour réponse , il faut ici considerer avec saint Denis que Dieu est veritablement une simple unité, mais infinie, qui comprend tout le bien & toute la perfection possible ; de sorte que si le monde doit porter quelque ressemblance de son principe, il doit estre composé d'une innombrable multitude d'é-tres tous differens & successifs, dont chacun ait sa perfection singuliere , afin qu'étant toutes assemblées, ils approchent plus prés de leur tout ; car on met en plusieurs vases la quantité de liqueur dont un seul

n'eft pas capable. Or pour
faire que cette diverfité ne fuft
point confufe, toutes les chofes devoient eftre furabon-
dantes, comme depuis le plus
haut d'un cercle , les points
marquez fur la circonference
font neceffairement l'un fous
l'autre , jufques à une oppo-
fition diametrale , d'où ils s'é-
levent par des d egrez rappor-
tans à ceux de leur abbaiffe-
ment , qui les reportent à
la place d'où ils eftoient def-
cendus. S'il ne vous eft pas
poffible de remarquer d'une
feule veuë l'ordre & la divi-
fion de ces grands objets , ni
les merveilles que la providence a mis en chaque an-
neau de cette prodigieufe chaî-
ne d'or, qui pendante du ciel,
enferme & y reporte toute la
nature ; vous en pouvez voir

*Ius na-
turale.
lib. 1.
leg. 2.*

une courte & groſſiere expreſſion dans nos horloges , &
dans les pieces qui les compoſent ; elles ont toutes leurs
meſures , leurs places , leurs
rapports avec celles dont elles
ſont ou devancées ou ſui-
vies , avec une juſteſſe ſi
préciſe , qu'elles nous marquent juſques aux minutes du
ſoleil , qui ſans cela nous ſeroient imperceptibles dans la
parfaite égalité de ſon mouvement. C'eſt-là un grand
effet de l'ordre , & des juſtes
proportions que l'art peut donner aux choſes inſenſibles;
mais il n'approche point de celuy que la providence nous
fait tous les jours paroiſtre en
la conformation de nos corps.
Toutes ſes parties ſont ſi parfaitement ajuſtées en leurs
figures, en leurs ſituations , en

leurs qualitez ou propres , ou
en celles qui les compofent ,
pour les fervices dont elles fe
doivent acquiter , & puis en
la fidelité de leurs alliances, &
de leurs fecours réciproques ,
que noftre efprit ne fe peut
rien figurer de plus jufte,
quand cette conduite feroit
concertée par la plus auftere
Philofophie. C'eft pourquoy *Galeni.*
Galien qui s'eft fort étendu à *lib. de*
remarquer ces merveilles du *usu*
corps humain , & de la jufti- *part.*
ce que la fageffe divine garde
en la difpenfation de fes facultez, dit que qui les contemple honore Dieu , & que cette
étude , quand elle feroit continuelle , fourniroit tous les
jours de nouveaux cantiques
à fa loüange. Voilà ce que
j'ay fait eftat de dire ici en peu
de mots de la Juftice diftribu-

tive de Dieu ſur les choſes naturelles. Pour ce qui eſt des
exercices que ſa providence
donne aux gens de bien , on
répond en peu de mots avec
ſaint Denis , que les Saints
n'ayant des penſées & des affections que pour l'eternité,
la perte des biens temporels
leur eſt ſi peu ſenſible , meſme ſi avantageuſe, que d'eux-
meſmes ordinairement ils
s'en déclarent , ſi la main de
Dieu ne prévient leur liberté;
mais ſoit que cette privation
vienne de leur choix , ou par
les ordres ſecrets de la providence , leurs parfaite reſigna-
tion la rend volontaire. Je
ne m'arreſte pas d'avantage
ſur ce ſujet que j'ay plus ample-
ment traité dans le troiſiéme
tome de ma Theologie naturelle ; il ſuffit d'avoir remarqué

Theolo-
gie na-
turelle
to. 3.
partie 2.
Ch. 21.

qué l'idée & l'origine de la Juſtice diſtributive de Dieu, &
monſtré comme ſous le voile, co
grand myſtere des graces, qui depuis pluſieurs ſiecles juſques au
noſtre a donné tant d'exercice
aux eſprits pour le découvrir.
Je ne parle icy que d'une juſtice
humaine qui ne faiſant pas les
merites comme la divine, les
doit chercher où ils ſe trouvent,
pour leur donner des recompenſes d'honneur ou de profit, qui
leur ſoient proportionnées,
comme je diray plus bas, où je
parleray auſſi du ſecond devoir
de la juſtice diſtributive, qui
conſiſte en la punition des crimes, en monſtrant un original
auquel toutes les copies qu'on
nous produit ne ſont pas conformes.

CHAPITRE II.

La Police de l'univers s'entretient par une justice commutative.

D. Thom.
1. q. 21.
ar. 1.

SAint Thomas dit que Dieu n'exerce sur nous qu'une justice distributive par les bienfaits dont nous venons de parler, en ce que nous donnant quand il nous conserve continuellement l'estre, nos personnes, nos vies, nos biens, nos actions, nous sommes tous entiers dans la dépendance de son souverain domaine, de sorte qu'il ne nous laisse rien de propre que nous luy puissions veritablement offrir, & que son infinie plenitude puisse recevoir.

Neanmoins il a mis en nous une liberté de connoissance & d'affections, dont les étenduës indeterminées par la loy sont si vastes, & se peuvent tellement multiplier qu'elles ne laissent aucunes de nos obligations sans quelque reconnoissance , & sans que sa bonté n'en demeure satisfaite par une espece de justice commutative, comme un fils n'ayant receu de son Pere la vie, qui est le principe de toutes ses actions, peut neanmoins non seulement satisfaire à cette obligation, mais la surpasser par des actes libres d'amour qui n'ont point de prix; & un esclave qui doit sa personne & ses services à son maistre, luy peut faire une faveur signalée, & l'obliger par un notable bienfait, quand ses bons offices excedent les termes de

Seneca lib. 3. de benefi. cap. 10. 11 & 19

la coûtume , & qu'ils procedent d'une sincere amitié , qui
ne peut estre satisfaite que par
une semblable ; nous devons incomparablement plus à Dieu ;
nos services & nos reconnoissan-
ces seront toûjours à l'infini
moindres que ses graces , neanmoins sa misericorde ne se témoigne pas seulement satisfaite , mais invitée de les recon-
noître par de nouvelles faveurs ;
il nous demande nostre cœur
vuide des objets sensibles , & il
nous le rend plein de qualitez
& de consolations divines ; il
veut que nous luy presentions
nos prieres, il les reçoit & leur
accorde des graces que l'esprit
humain n'osoit se promettre.
Jesus-Christ nous conseille dans
son Evangile de tout quitter,
les biens , les parens , les amis,
tous les interests sensibles , &
nous-mesme , pour estre à sa

suite. Saint Pierre qui en estoit
venu jusques à cette sainte &
genereuse pratique, prend la
confiance de luy dire au nom
des autres Apostres ; Seigneur
nous voilà dépoüillez de tout,
comme vous nous l'avez con-
seillé, qu'elle sera nostre recompense? Il leur répond : Je vous
dis en verité que tous vous autres qui vous estes humiliez de
la sorte, serez élevez sur des trô-
nes, d'où vous jugerez les hommes & les Anges. C'est son con-
tentement que nous ayons recours à sa bonté ; parce que le
bonheur qu'il nous desire en est
inseparable,& que l'amour qu'il
nous porte est en cela satisfait.

Platon avouë bien qu'il y a *Plato in*
une espece de commerce & de *Eutyphro-*
permutation entre Dieu & les *ne.*
hommes, en ce qu'ils luy presentent leurs vœux, & en re-

çoivent toutes fortes de felicitez, mais il n'a pas conceu que
Dieu nous aime jufques à ce
point, de fe tenir honoré quand
nous approchons de luy pour
nous rendre heureux ; parce
que n'ayant aucun befoin de
nos biens & de nos honneurs,
il ne demande que noftre falut.
Neanmoins il faut confeffer
que ce n'eft pas proprement
une juftice commutative où
Dieu ne reçoit rien, & où cela
mefme que les hommes luy dé-
ferent, revient à leur profit, le
commerce où la balance ne penche que d'un cofté, a quelque
rapport avec celuy qu'on remarque entre le ciel & la terre ; il
luy donne fes lumieres, fes influences, & fa chaleur qui l'a-
nime, fans que les vapeurs
qu'elle luy offre comme des encens aillent jufques à luy, mais

devant qu'estre à moitié chemin elles fondent en pluyes,
qui donnent les feconditez à la
mere qui les avoit produites.

Nous voyons le commerce dans
une plus grande egalité, & par
une efpece de permutation dans
les autres chofes naturelles ; car
leurs forces eftant bornées, elles tomberoient bien-toft dans
la défaillance par les largeffes
qu'elles feroient de leurs vertus,
fi elles n'eftoient rétablies par
de nouvelles acquifitions, & fi
la recepte ne furpaffoit la dé-
penfe. Ainfi la mer qui fe répand toutes les fix heures du jour
fur nos terres , & fous la zone
torride par fon flux, ne reporte
pas au Septentrion, par fon reflus , toutes les eaux qu'elle
en avoit fait écouler , les riva-
ges qu'elle a couverts, & les ardeurs du Soleil qu'elle a fouf-

fert, en ont confummé une notable partie, outre celles que fes
veines ont porté dans toutes les
parties de la terre pour fournir
à une infinie diverfité de productions. Ce font-là de fecre-
tes & invifibles liberalitez qui
reçoivent leur fatisfaction par
de folemnelles reconnoiffances,
quand les grands fleuves ra-
maffent toutes les eaux fuper-
fluës d'une region, & les reportent avec beaucoup de bruit &
de magnificence à la mer.

L'eau & la terre font deux
élemens contraires en qualitez,
par ce que l'un eft coulant &
humide, l'autre ftable & fec,
neanmoins ils ne forment en-
femble qu'un globe, afin de fe
donner un reciproque foulage-
ment. La terre arrefte les flui-
ditez de l'eau, elle luy fert de
vafe pour la recevoir, l'unir & la

conſerver ; de canal à ſes reſer-
voirs , pour la répandre & l'y
reporter. L'eau de ſon coſté dé-
trempe de ſorte la terre , que
ſon extrême ſeichereſſe ne cauſe
point la déſunion de ſes parties,
& ne la change point en arênes,
qui donnant air à ſes vapeurs,
feroient avorter toutes ſes riches productions. Pour ce ſujet
les anciens veneroient la terre
comme une mere commune qui
fournit la nourriture à toutes
les choſes vivantes , par ſes humiditez comme le ciel qu'elle a pour mary leur donne l'eſ-
ſence , la vie , l'action par ſa
chaleur. Ses humiditez qui ſont
l'aliment de toutes choſes, comme l'eſt le ſang de tout noſtre
corps, ne peuvent manquer, parce qu'elle a de vaſtes concavitez, & des abyſmes qui en ſont
pleines , comme les décrit Se-

neque, & qui regorgent quand elle s'entre-ouvre par ces horribles
tremblemens. Les relations du
Nort nous apprennent que par
les 87. degrez jusques au 90.
prés du Pole, il y a deux isles
desertes toutes environnées d'u-
ne mer continuellement agitée
des courans, qui durant six heures fondent dans un abysme,
& à pareilles heures en resor-
tent, & se répandent dans l'é-
tenduë de la mer, jusques dans
nos ports. La mer ne s'avance
donc que pour reculer, elle ne
donne que pour recevoir; & on
remarque que si elle inonde
quelques terres d'un costé, elle
en découvre tout autant d'un
autre, si la pesanteur des eaux se
cave plus de profondeur dans la
haute mer, en recompense elle y
éleve des isles qui sont les hoste-
leries des grandes navigations.

*Seneca
natur.
quæst lib.
3. c. 20.*

*Francis.
Patricius
Pancos-
miæ lib.8
28.*

Les autres élemens sont dans
une permutation perpetuelle,
s'ils s'engagent dans les composez, l'un surmonte l'autre, &
puis luy cede la place par des
vicissitudes qui causent les alterations, les maladies, enfin la
mort, ou ces particules antipa-
thiques, auparavant contraintes
de demeurer en societé sous
l'empire d'une forme, se déban-
dent avec la liberté de retourner
à leurs principes, & à l'élement
dont elles avoient esté prises,
les aërienes à l'air, les terrestres
à la terre, les humides à l'eau.
Cela se void sensiblement
quand on met au feu un bois
qui n'est pas encore bien sec,
où la fumée, l'escume, le char-
bon ardent, les cendres, mon-
rent par une chimie naturelle,
les parties dont ce mixte estoit
composé. Theodoret décrit éle-

Theodor. orat. 1 de Provid.

gamment le ſecours que ſe donnent le jour & la nuit, comme
deux ſœurs amies de l'homme,
pour luy accorder le temps propre à ſes actions & à ſon repos,
dans les diverſes ſaiſons de l'année. Au printemps, où la nature eſt impatiente de ſe produire, ſi-toſt qu'elle ſent les ap-
ches du ſoleil, le jour emprun-
te quelques heures de la nuit,
& devient plus long afin d'accorder aux laboureurs & aux
jardiniers plus de temps, lors
qu'ils ſont le plus preſſez de travail, à donner toutes les façons
neceſſaires à la terre, qu'elle demande pour la production &
la maturité de ſes fruits, dont
auſſi nous avons beſoin pour en
faire la recolte : en ſuite le jour
rend à la nuit les heures à meſme meſure, & en autant de payement qu'il les avoit emprun-

tées , pour en cela favoriſer le repos que les hommes & la terre demandent aprés leurs fatigues.

Voilà le modelle que la providence divine nous propoſe pour regler deſſus la Juſtice commutative, d'où dépend le grand commerce des peuples, la paix , la ſubſiſtance des villes & des Provinces. Comme nous voyons les vaſtes corps des élemens dans les meſmes lieux, les meſmes étenduës , & avec les meſmes qualitez qu'ils receurent de la main de Dieu au jour de leur creation , ſans qu'ils paſſent dans l'excés , ou qu'ils tombent dans le defaut, parce qu'ils reçoivent toûjours autant qu'ils donnent ; on peut eſperer une police immortelle, où une ſemblable égalité ſera bien gardée, où la Juſtice ſçait

mettre dans la balance les interests de chacun pour luy rendre
ce qui luy est deû. Les pures
liberalitez n'appartiennent proprement qu'à Dieu, parce qu'il
est une source inépuisable de
biens, quand à l'homme en
quelque estat que la naissance,
ou que la fortune le mette, ses
avantages sont incertains, sa
pauvreté naturelle, il en a le
sentiment mesme dans les plus
hautes sallies de la vanité; de
sorte qu'à bien estimer les choses, il ne donne que pour recevoir. Un Prince ne fait des presens, ne donne des provisions
d'offices, n'assigne des gages, &
des pensions, que pour acheter
la fidelité de ses sujets, & les engager par leur interest à son service. Quand un Seigneur donne
un fief à un Gentilhomme, c'est
à condition qu'en toutes rencon-

De forma fidelitate Feudo. lib. 3. c. 6. & 7.

tres il portera fes interefts mefmes au peril de fa vie, qu'en certain temps il luy en rendra
l'hommage fous les conditions
accordées entr'eux ; & afin qu'il
ne luy foit pas permis de s'en
difpenfer impunément , ce Seigneur retient le domaine di-
rect de la terre donnée en fief,
avec le droit de la reprendre fi
le vaffal manque de fidelité. Les *De operis*
efclaves émancipez devoient à *libert. ff.*
leurs Patrons, & à leurs famil-
les des refpects & des fervices
qui les tenoient dans une continuelle fujettion , & mefme
dans un peril continuel de perdre leur liberté , s'ils man-
quoient à leur devoir ; de forte
que s'ils ne portoient , ils
eftoient contraints de traifner
leurs chaifnes.

Les Romains faifoient eftat
qu'en la police comme en la na-

ture, chose aucune ne se fait de
rien, ainsi pour rendre les
actions mesmes liberales & pro-
dantes de l'amour plus authentiques & plus justes, elles se
passent sous le nom & avec les
ceremonies de vente, où la
chose n'est transportée qu'en
donnant un prix qui l'égale.

Parag. 1.
Inst. de
Testa.
ord.

Ainsi l'heritier estoit appellé l'a-
cheteur de la succession : le ma-
riage se faisoit par une espece de
permutation, & par les balan-
ces, comme si l'on eust pesé les

Alex. ab
Alex. lib
1. c. 5. l.
sin ff. de
jure dot.
Ius natu-
rale lib.
1. lege 2.
parag. 1.

biens & les conditions du mary
& de la femme pour les reduire
à l'égalité, & sans employer les
feintes. Le dot des femmes ne se
poursuit-il pas au'ourd'hui avec
autant de rigueur que le prix
d'un heritage ? Il est si naturel

L. 14. in
ff.
comm.
divid.

de ne rien donner sans recevoir
l'équivalent, que la paction seroit jugée nulle de celuy qui en-

treroit

treroit dans une ſocieté , avec
promeſſe d'y contribuer ſes ſoins
& ſon travail ſans en tirer aucun
profit.

Aprés tout ce que les Stoï-
ciens diſent du bienfait , qu'il *Seneca de de benef. lib. 4. cap. 2.*
ne doit avoir aucune veuë du
retour, & qu'il ſe doit faire par
le ſeul motif de la vertu qu'on
pratique , obligeant un autre,
ils ne laiſſent pas d'avertir de
ne point donner à des perſonnes indignes & méconnoiſ-
ſantes , comme de ne point ſe-
mer ſur des terres ſteriles & ſans
rapport. Que ſi les loix n'accordent point d'action civile contre
l'ingratitude, c'eſt parce que les
eſperances de recevoir dans la
rencontre quelques faveurs de
celuy qu'on oblige, ſont ſecretes;
ainſi hors le reſſort de la juriſdiction civile , ſi elle s'étendoit ſi
avant dans l'interieur entre des

D

hommes tous attachez à leurs
interests, ce crime se trouveroit
si commun, & l'estime des circonstances particulieres d'où il
dépend, si difficiles à décider,
que tous les sieges de la Justice
s'y trouveroient empeschez.
Mais quand on ne mettroit
point ce criminel sur la sellette,
ni à la question, il ne demeure
pas impuni, car les justes plaintes d'un bienfaicteur abandon-
né de ce qu'il esperoit de secours, feront passer l'ingrat pour
un infame, & la voix publique
le condamnera comme indigne
de la vie commune, quand il
offense la bonne foy, & la reconnoissance qui en est les fondemens. Aprés donc qu'une
puissance a distribué les charges
du gouvernement selon les merites, comme nous dirons, le
grand commerce & la subsisten-

ce d'un Etat dépend de la justice
communicative qui rend à chacun ce qui luy est deû, un prix
égal à ce qu'il donne, ou à ce
qu'il fait ; si bien que ses forces
n'en demeurent point affoiblies
par les usurpations d'un autre
qui en auroit les profits sans, en
rendre l'équivalent. Le pauvre
donne le superflu pour le necessaire, quand il employe son
travail pour de l'argent qui luy
sert pour acheter ses nourritu-
res. Car chaque citoyen est
une partie de l'Etat, or comme en nos corps les parties ne
se servent pas de nourriture les
unes aux autres, car elles se dé-
feroient en ostant la perfection
au tout d'où elles dépendent :
ainsi, dit la Loy, la violence des
plus forts, ni l'adresse des plus
subtils ne doit pas opprimer les
moins avantagez ; ils sont sous

l. non
de qet ff.
de rer.
jur.

une protection divine , quand
ils sont celle sous des Loix &
des Princes.

✿✿✿✿✿✿✿✿✿✿✿✿✿✿

CHAPITRE III.

Le Prince tient de Dieu le
droit de rendre la Iustice
à ses peuples.

DIeu qui a creé le monde
de rien , le conserve dans
la tres-juste disposition des parties qu'il luy donna , & dans cet
équitable commerce qui fait un
mouvement perpetuel, une cir-
culation sans fin d'écoulemens,
& de retours en elles-mesmes,
& en leurs principes. Sa souveraine Majesté voulut encore que
ce grand ouvrage portât l'image

de son auteur , en ce que comme il est dans une éminence in-
comparable au dessus de ses
creatures qu'il soûtient & qu'il
regit , aussi les parties plus relevées en merites & en ordre eussent le gouvernement des inferieures ; ainsi dans la Hierar-
chie des Anges , qui tous different d'espece, selon saint Thomas , les plus approchans des
perfections divines , purgent,
éclairent & perfectionnent les
autres ; le ciel domine sur les
élemens , le sensitif sur le vegetable, l'homme sur les plantes & les animaux. Selon cet ordre les hommes doivent estre
gouvernez par une nature superieure. Sur ce fondement, Platon dit que les Princes & les
principaux Ministres qui leur
servent au gouvernement , ont
des ames d'or , c'est à dire aussi

differentes des autres communes, que l'est ce soleil des metaux du fer & du plomb. Ce
n'est point la disposition des
astres qui leur donne ces avantages, car elle peut estre la mefme en la naissance d'un Empereur & d'un berger. Il faut recourir à Dieu, qui donne aux
Etats, selon leurs merites &
leurs dispositions, des Princes
pour y estre les dispensateurs de
ses graces, s'ils s'en rendent dignes, ou les Ministres de sa Iustice, si leurs desordres doivent
estre chastiez par quelques rigueurs. Il n'y a point de puissance en terre qui ne releve de
Dieu, dit l'Apostre ; il se dit
aussi le Roy des Rois , parce
qu'il leur met le Sceptre en
main , leur oste , & le brise
quand il luy plaist par les ordres secrets & impenetrables de

fa providence. Moïfe receut de luy le pouvoir de tirer fon peuple de la fervitude par une infinité de prodiges, de le conduire dans les deferts, de luy donner de fa part les Loix du culte religieux, & du gouvernement civil, qui le rendirent heureux, tant qu'il fut fidelle à les garder. Saül, David, tous les autres Rois de l'ancienne Loy, & mefme du Chriftianifme, recoivent leurs onctions, leurs Sceptres, & leurs Couronnes de deffus l'Autel, par les mains du Sacerdoce, pour témoigner publiquement qu'ils viennent de Dieu, & les proteftations qu'ils font lors d'eftre fidelles à fon fervice, font les premiers hommages qu'ils luy rendent de cet infigne bienfait.

Le plus glorieux de leurs titres, c'eft de tenir immediatement de Dieu leur puiſſance, ils metrent auſſi cette qualité la premiere, comme la plus noble, le principe & le fondement de toutes les autres, d'eſtre choiſi par une ſageſſe qui ne peut faillir, par une puiſſance à qui toutes choſes ſont ſoûmiſes, & qui ne manque point de conſerver ce qu'elle a produit, comme on le peut voir par les exemples de *Vide id-geſtum ſapientiæ ſit. principium poteſtatis Reges à Deo.* Moïſe, contre Pharaon, de David contre Saül, de Jonas contre Athalia, ainſi des autres meſmes prophanes. Cette Majeſté ſenſible qui les rend ſi venerables, eſt un rayon de la divine qui tient les plus audacieux dans le reſpect, qui éblouït ſouvent les plus grands eſprits, & interdit la parole aux bouches les plus éloquentes, cet éclat en mille diverſes rencontres, dont nous avons les exemples, a

retenu

retenu les mauvais courages , &
deſarmé les mains toutes pre-
ſtes à commettre des parricides:
enfin il faut une force ſurhu-
maine en un ſeul , peut-eſtre
moins avantagé de la nature
que les autres , pour tenir tant
de peuples en ſujettion. Comme Dieu reveſt la perſonne
d'un Monarque de cette éclatante qualité , pour luy donner
plus de credit ſur ſes ſujets, il é-
claire auſſi pour l'ordinaire ſon
eſprit d'une lumiere bien plus
noble que celle des ſciences ac-
quiſes , pour dans les occaſions
rendre une ſincere & promte juſtice.

C'eſt le droit du ſouverain
domaine de Dieu de juger les
vivans & les morts , & c'eſt le
propre office du Prince , qui le
repreſente au monde , de juger
les peuples, comme c'eſt le pro-

E

pre effet du soleil de répandre
fur nous ses lumieres qui nous
montrent la difference des
objets , les figures & les couleurs d'où procedent les beautez , nos amours & nos recher-
ches. Ainsi les Rois de Perse
faisoient porter devant eux le
feu sacré, comme une image vivante du soleil qu'ils adoroient
comme Dieu , & dont ils faisoient gloire d'en tenir le Sceptre, avec obligation d'en imiter autant qu'ils pourroient les
éminentes qualitez dans les devoirs de la Justice. Elle fut le
continuel exercice des trois
Rois de Grece, Æacus, Minos,
Radamanthus, & ayant acquis
en cela tout ce qui se peut de
gloire & de reputation pendant
leur vie, la fable dit qu'après
leur mort ; ils furent établis
chez les morts les Juges des

ames, pour examiner ce qu'elles meritoient de recompenses ou de peines. David estant élû Roy, offre à Dieu cette humble priere : Seigneur, mettez en moy quelques rayons de vostre sagesse, qui a fait & qui conserve l'ordre du monde, afin que ce soit vous-mesme qui jugiez vostre peuple par ma bouche, comme autrefois vous l'avez fait par celle de Moïse. Salomon son fils se voyant fort jeune assis sur le mesme trône, a recours à Dieu, le cœur & les mains élevées à luy, dit : Quel effet, mon Dieu, de vostre souveraine providence de m'engager au gouvernement d'un grand peuple, dans un si bas âge que les loix ne m'y donnent pas mesme la conduite de ma personne ; premiere verité, sagesse infinie, répandez vos lu-

Deus ju-dicium tuum regi d. Ps.

1. Reg. 3. c. 9.

mieres dans l'esprit de vostre
pauvre serviteur, qui le rendent
assez docile pour les recevoir, &
capable quand il luy faudra
juger vostre peuple. L'Ecriture
dit que Dieu agrea si fort la demande qu'il luy faisoit, de pouvoir rendre des jugemens justes
& équitables, où consiste le
point principal du gouvernement, qu'il luy accorda cette grace, & de plus une connoissance
parfaite de tous les secrets de la
nature, une sagesse éminente
par dessus celle de tous les Princes qui furent, & qui seront jamais au monde. Il en fit l'é-
preuve par le jugement qu'il
rendit entre deux femmes, dont
chacune se disoit mere d'un enfant sans aucun indice, conje-
cture, ni témoignage qui ap-
puyât leurs demandes de part
ou d'autre. Il tira la lumiere des

tenebres , & ſur ce que la choſe
eſtoit également douteuſe , il
commanda que l'enfant fuſt
couppé en deux , & que chacune en euſt ſa moitié , l'une y
conſent , l'autre s'y oppoſe , &
aime mieux perdre la joüiſſan-
ce de ſon fils , que de luy oſter
la vie , cette affection naturelle
la fit reconnoiſtre pour la mere
veritable à qui l'enfant fut ad-
jugé. Ce jugement ſi adroit, ces 3. Reg. 3.
menaces déguiſées ſi à propos,
ce premier & ce grand coup
de prudence , le mit dans
une ſi grande eſtime de ſageſſe , qu'il gagna l'affection de tous ſes peuples , &
obligea les Princes ſes voi-
ſins à luy demander la paix ,
quoy que ſous des conditions
qui leur eſtoient deſavanta-
geuſes.

Le Prince eſt dans un exer-

cice continuel de rendre la juſtice par luy-meſme , quand ſa
Cour eſt nombreuſe & floriſ-
ſante ; il y diſtribuë les Charges
ſelon les merites , ſes regards
& ſes paroles favorables ſont
des bienfaits , il arreſte & punit
l'audace d'un inſolent d'un
tour de teſte ou de corps qui le
bannit de devant ſes yeux, & le
met derriere entre les choſes deſ-
agreables & de rebut. Sa preſence tient chacun dans le reſpect & la modeſtie : de toutes les
paſſions, il n'y a là que celles de
la mort & de la joye qui oſent
paroiſtre, ce qu'une fois il a trouvé mauvais ne ſe fait plus ; il ne
voit autour de luy que des com-
plaiſances pour le bien & pour
la vertu, s'il la cherit ; choſe é-
trange ! qu'une de ſes paroles a
plus de pouvoir , que le commandement de l'Evangile, pour

appaiser les querelles, & remettre deux grands ennemis dans
une parfaite intelligence.

Il seroit donc à souhaiter
qu'un Prince pût entendre tous
les differends de son peuple, les
procedures en seroient bien
abregées, les Arrests en seroient
justes & prompts, en une souveraine puissance qui n'en es-
pere, & ne craint rien. La
partie qui auroit gain de cause
s'estimeroit doublement heureuse par ce profit, & en ce
que ses prétentions auroient
esté justifiées par le jugement
de son Prince. Celle qui auroit
esté condamnée, espereroit de sa
bonté quelque faveur, qui adou-
cît le coup de sa Justice, & qui en
fût le remede ; mais enfin quelques avantages de la nature
ou du Ciel qu'ait receu le Prince, il ne luy est pas possible de

terminer par luy-mesme tous les differends: & cette veuve qui ne pouvoit avoir audience de l'Empereur , eut grand tort de l'offenser à la rencontre par ce reproche ; Quittez le Sceptre, si vous ne voulez pas rendre la justice ; car elle demandoit l'impossible , qu'il fust en mesme temps en tous lieux pour entendre & décider tous les procés de son Royaume. Il est contraint de suivre le conseil que Moïse receut de son beau Pere Jethro , de n'entreprendre pas de porter seul une charge qui passe ses forces, mais de choisir entre ses peuples des personnes d'une notable integrité, sinceres, craignans Dieu, sans avarice, qui terminassent les difficultez ordinaires dans le cours d'une vie commune , & qui luy fissent rapport des

principales, dont il pourroit ſe
reſerver la déciſion, avec une
intendance generale ſur tout ce
qui ſe paſſe en la juſtice. C'eſt
ce qui ſe partique aujourd'hui
par la ſubordination des moindres juges, ſous l'autorité
des autres plus étenduë, quoy
que limitée par les matieres
ou par les perſonnes ; mais
tous ces tribunaux agiſſent ſous
l'autorité du Roy. Ils mettent ſon nom en teſte des actes
publics, comme s'il les avoit
luy meſme expediez, dans les
Cours Souveraines, que la
place de ſa Majeſté eſt toûjours gardée, juſqu'à ce que
dans les occaſions de plus d'importance, il la rempliſſe par
ſa Royale perſonne, ainſi il
eſt reputé rendre luy-meſme
la Juſtice, quand ne pouvant
eſtre preſent à tout, il y com-

l. 1. ff. de Procur. l. 140. ff. de reg. jur.

met des hommes capables qui
s'en acquittent sous son nom,
sous son autorité, sous sa vi-
gilance & sa censure, comme
le soleil ne pouvant nous éclairer immediatement la nuit, lors
qu'il est sous l'autre hemisphe-
re, nous est neanmoins comme present par la lune & les
étoilles qui nous donnent ce
qu'elles reçoivent de sa lumiere, & qu'elles ne reçoivent,
qu'à fin de nous la donner.

CHAPITRE IV.

Les Princes & leurs principaux Ministres de la Iustice, ont de grands rapports avec le Sacerdoce.

QUand Dieu crea la lumiere, les Docteurs disent qu'au mesme instant il mit en l'estre le monde Angelique, peuplé d'une innombrable multitude d'esprits, tous destinez à des emplois differens, pour avoir plus de rapport à l'infinité du premier acte, leur principe & le modelle de leur perfection. Depuis ce commencement du temps,

les uns ont toûjours esté, &
seront durant tous les siecles
à venir, dans les exercices de
l'amour & de la contemplation de Dieu, continuellement
presens devant sa face, pour
en recevoir les lumieres & les
ardeurs sacrées, & en suite les
répandre sur les Ordres inferieurs. Les autres Esprits ont
charge de presider sur toutes
les creatures du monde sensible, sur le mouvement des
Cieux, sur le commerce des
elémens, sur les especes des
plantes & des animaux, sur tout
en la conduite des hommes,
particuliers & assemblez dans
les Villes sous les diverses sortes de gouvernemens.

Quoy que Dieu soit toû-
jours le mesme devant & aprés
la creation du monde, souve-
rainement heureux en la jouïs-

ſance de ſes infinies perfections;
noſtre eſprit ſe le repreſente
au premier de ces deux eſtats
dans le repos, & au ſecond
dans des activitez exterieures,
où il déploye ſa toute-puiſſan-
ce, & en fait autant d'images,
autant d'objets de ſon amour,
que de creatures qui toutes en
portent les caracteres. Sur cette idée du repos & de l'activité qui fut le modelle des
Anges deſtinez, les uns à la
contemplation, les autres au
miniſtere, & à la police meſme de toute la nature, qu'A-
riſtote dit eſtre le principe du
repos & du mouvement, Dieu
dés la premiere Loy de Moïſe, & depuis par la bouche du
Verbe incarné, diviſa le gouvernement des hommes en
deux eſtats, l'un tranquille,
l'autre agiſſant, en l'Eccleſia-

stique & le Politique, en ce
qui appartient à Dieu & à
Cesar. Neanmoins comme ces
deux extremitez en apparence
contraires, ne sont en Dieu
qu'une mesme essence, dans
les Anges qu'une mesme charité, au battement de nostre
cœur qu'une mesme vie qui ramasse sa chaleur & ses esprits
en leur centre, & puis les répand par tout le corps ; les
sages jugerent que sans confondre ces deux differens estats,
ils les pouvoient entretenir
dans une parfaite alliance au
gouvernement des hommes
pour le rendre plus parfait, &
dans une sainte union, qui fût
l'image de l'unité divine. Cette idée fut assez pure en son
origine & en son dessein, mais
insensiblement elle perdit beaucoup de son integriré, condui-

te par des eſprits attachez aux
choſes ſenſibles, & qui con-
vertiſſent en elles ce dont ils
peuvent tirer quelques avantages, comme les eaux ne con-
ſervent pas toutes les bonnes
qualitez qu'elles avoient en leur
ſource, mais ſont contraintes
de prendre celles des lieux où
elles paſſent.

C'eſt de là qu'aux Indes,
en Egypte, en la Judée, chez
pluſieurs autres peuples, le Sacerdoce fut joint à la Royauté, de ſorte que comme une
meſme ame ſuffit pour les operations de l'eſprit & celles du
corps, une meſme autorité
préſidoit aux choſes divines &
humaines, une meſme main
tenoit le Sceptre & l'encen-
ſoir. Ils ajoûterent ainſi le ſpi-
rituel au temporel, afin de
luy donner plus de majeſté,

plus de credit , plus de pouvoir , & que le Prince ne vît
rien hors de ſa perſonne d'é-
gal, ou de ſuperieur, qui en
partageant , affoiblît ſon autorité. Mais à bien conſiderer ces choſes ſelon le ſentiment d'un celebre Auteur,
ce n'eſtoit pas en cela joindre, mais confondre deux emplois dont un ſeul homme ne
ſe peut parfaitement acquiter
avec ſes puiſſances, ſi foibles,
& ſi limitées. Il arriveroit de
là qu'on traiteroit les choſes
divines comme les humaines,
avec les meſmes paſſions qui
troublent le repos des ames &
des peuples, qui ſont des crimes & des empeſchemens aux
graces que les devoirs religieux attendent du ciel ; on
feroit un acceſſoire du principal , la religion ne ſeroit plus
qu'un

qu'un inſtrument de police,
ſujette à eſtre changée, & meſme abolie, ſelon l'occurrence
des affaires, Dieu ne ſeroit
plus reconnu pour ſouverain,
ſi les hommes luy donnoient
la loy, s'ils retranchoient leurs
offrandes, s'ils ceſſoient de luy
rendre leurs hommages, & le
puniſſoient en quelque maniere par ceſte ſubſtraction de
reſpect, toutes les fois que leurs
aviditez, ne ſeroient pas ſatis-
faites de ſes bienfaits : Enfin
la religion ne conſiſteroit plus
en eſprit & en verité, mais
en vaines, bijarres, & meſme
deſobligeantes ceremonies.

C'eſt pourquoy Dieu diviſa
le gouvernement de la Religion & de la Police entre deux
freres Aaron & Moïſe, pour
montrer que ces deux tres-
importans emplois deman-

dent chacun toutes les attentions d'une perſonne, qu'une
ſeule ne peut pas les entreprendre, ſans commettre beaucoup de defauts & s'expoſer à
plus de perils. Il ſuffit que ces
deux eſtats, originaires d'un
meſme principe, ſoient bien
d'accord , ſans eſtre confus
dans une meſme perſonne, car
s'il n'eſt pas permis de ſeparer
ce que Dieu conjoint, pourquoy méler ce que ſa Sageſſe
& ſa providence diviſe? Il a
ſeparé les corps exempts d'al-
teration de ceux que de foi-
& a mis entre deux un firma-
ment, un lieu ſtable, immobi-
bles qualitez y rendent ſujets,
le, une loy qui ne reçoit, ni
diſpenſe , ni exception; il a
mis le Sacerdoce en une de douze Tribu de ſon peuple, en
l'autre la Royauté. L'alliance

Gen. 1.

eſt permiſe entre les deux, non pas le mélange, ni la confuſion, de ſorte que des deux il ne s’en faſſe plus qu’un. Saül ne fut-il pas puni par la perte de ſon Royaume, pour avoir une ſeule fois fait l’office de Preſtre & de Prophete, n’eſtant que Roy, quoy qu’une preſſante & publique neceſſité, ſemblât luy en donner une excuſe legitime.

Le Prelat eſt choiſi d’entre les hommes, dit l’Apôtre, afin de preſenter à Dieu, des vœux & des ſacrifices pour l’expiation des fautes communes à nôtre nature. Ne le replongez donc point dans les tumultes, dont la providence l’a tiré, ne l’engagez point dans les negoces de la terre, qui ne partagent pas seulement l'esprit & le cœur, qu'on doit tout à Dieu, mais qui l'en éloignent, & qui le remplissent d'idées contraires aux dispositions qu'il demande dans une ame où il veut faire sa demeure, & la condition Ecclesiastique est un estat de repos, de retraite, de paix, d'integrité telle qu'elle puisse offrir à Dieu un sacrifice de loüange pour toutes les creatures, comme le signifioit le grand Prestre de l'ancienne Loy, qui en ses habits solemnels, representoit les parties du monde dans le bel ordre qu'elles y tiennent. Mais les prieres, les vœux, les soins de la personne consacrée à Dieu, se doivent principalement employer pour les hommes d'entre lesquels elle est prife , afin de les inſtruire des veritez divines , importantes à leur ſalut , leur en montrer le chemin , les y conduire de parole, de main, d'exemple, juſques à les mettre en poſſeſ-ſion de leur derniere beatitu-de , par tous les moyens meſ-mes ſurnaturels , dont il eſt le diſpenſateur.

Le Magiſtrat a ce rapport avec le Prelat, qu'il eſt choiſi d'entre les hommes , & élevé dans un étage ſuperieur par l'élection qu'en a fait le Prin-ce, & l'on peut dire par celle de Dieu, qui tient le cœur des Roys en ſa main, & qui eſt le premier mobile de leurs bon-nes inclinations, il ſe propoſe la meſme fin qu'a le Sacer-doce, de conduire les hommes à Dieu, par la reforme des mœurs, que les loix ordonnent, & qu'elles exigent par les peines taxées contre ceux que les passions écartent de ce droit chemin, elles les lient, & les violentent pour les empescher de se perdre. Ces moyens sont purement naturels, sensibles, exterieurs, & prétendent la bonne conduite de l'homme, par des forces, à la verité moins agreables que celles des graces divines dessus les cœurs, mais il en seconde les attraits, par la contrainte; les loix arrestent les deserteurs de la milice sacrée, elles bouchent d'épines & d'extrêmes difficultez les passages auparavant ouverts à leur fuite, & se rendent ainsi tres-efficaces sur des ames, qui ne se reglent que par les sens.

Le Sacerdoce reçoit de Dieu

la puiſſance de lier ; & de dé-
lier les ames. Le Magiſtrat
choiſi de la Providence exerce
la meſme autorté ſur les corps,
par une Juſtice qui tire l'innocent de l'oppreſſion, qui arreſte
les violences, les tyrannies, les
coups de colere, de haine, de
mauvaiſe foy, les rapines de
l'avarice & des uſures, elle les
contraint de rendre gorge, &
de reſtituer à la foibleſſe ce que
la force luy avoit ravi. Ces faveurs qui ſemblent ne regarder
que les commoditez du corps,
& les avantages de la fortune,
ne s'étendent pas moins ſur les
ames, quand elles les delivrent
des paſſions, de la douleur, de
la crainte, du deſeſpoir, des horribles convulſions de la conſcience, dont elles ſe trouvent
agitées dans l'incertitude d'un
procés, dans l'extremité de l'im-

puissance & de la misere. Le peu
de temps qu'on employe à prononcer une absolution Sacerdotale, suffit à rendre un Arrest,
qui comble une pauvre partie
de consolations, qui rompt ses
chaisnes, qui la met en liberté,
qui dissipe en un moment ces
nuits, ces orages qu'elle com-
ptoit comme des gesnes, & des
morts continuelles. Architas
avoit grand sujet de dire, que
l'Autel & le Magistrat estoient
deux asyles où les affligez a-
voient leur refuge, l'Autel reçoit leurs vœux & leurs offrandes, il leur accorde à l'instant
mesme la seureté, les autres secours dépendent du secret impénetrable de la providence,
qui quelquefois les differe comme des remedes, pour le plus
grand bien des malades Mais
le Magistrat sans rien recevoir,
fait

Arist. 3.
Rheto.
cap. 11.

fait une promte justice à celuy qui le reclame, & en un moment le retire du peril où sa mauvaise fortune l'avoit engagé.

Certes si Dieu est une Justice essentielle, comme nous avons dit, l'on a sujet de considerer ceux que sa providence employe à ce ministere, comme s'ils estoient dans le Sacerdoce, & pour confirmer le peuple dans cette creance, il luy accorde par leurs mains des graces plus promtes, & plus sensibles que celles qu'il reçoit ordinairement de l'Eglise. Sa bonté prévient en cela nos ceremonies, & recompense l'inégalité qui se rencontre entre le Prelat & le Magistrat par ce privilege, comme elle releve les plantes par des qualitez medicinales qui ne se rencontrent pas dans les arbres.

G

La Loy dit aussi que les principaux Ministres de la Justice en
peuvent estre appellez les Pre-
stres ; en effet si un Prestre con-
sent volontairement d'estre arbitre d'une affaire entre deux
parties, il peut & doit en prendre connoissance, sans craindre
que cet employ offense sa dignité Sacerdotale, puis que juger
c'est un office divin qui luy est
propre, & que les Evesques ont
bien souvent recherché, mesme
au delà de ce que les puissances
temporelles leur ont permis. Le
mesme favorable Jupiter, le
meilleur de tous les Planetes,
donne les inclinations à la pieté
& à la Jurisprudence, qu'on definit aussi ; La science des choses
divines & humaines, au dire,
& selon les experiences des
Astrologues ; il fait l'état Religieux, les Pontifes, & les Magi-

ſtrats, dont les Arreſts qui ter-
minoient les procés en dernier
reſſort ont eſté tenus pour des
oracles : ainſi comme eſtant des
choſes ſaintes on crut aciẽne-
ment qu'ils ne devoient pas
eſtre rendus dans des lieux prophanes, mais ſolemnellement
choiſis & dédiez par les augu-
res ; que ſi auparavant ces lieux
n'eſtoient pas des temples, ils
eſtoient rendus tels par cette
action de Juſtice qui les conſa-
croit. Le Poëte ne repreſente-il
pas la Reine Didon, qui rend
la Juſtice dans le temple de Minerve, par une coûtume ſi
commune entre tous les peuples, qu'on la peut reduire au
droit des gens. Que ſi depuis
les Conciles ont défendu de
tenir le Siege de la Juſtice dans
les Egliſes, c'eſt crainte que le
tumulte des parties plaidantes,

G ij

ne troublaſt l'Office divin qui
doit eſtre là continuel , auſſi
pour ne permettre pas que les
paſſions criminelles des hommes trop attachez à leur intereſt, ne prophanaſſent la ſainteté
de ce lieu , & que la clemence
de l'Egliſe ne fuſt offenſée par
les jugemens qui condamnent à
l'effuſion du ſang ; quoy donc
que la Juſtice ſoit un Sacerdoce qui honore Dieu , il eſt meilleur que le bruit & les rigueurs
de ſes tribunaux ſe paſſent hors
des Egliſes , comme les pierres
& les bois neceſſaires à élever
le temple de Salomon, y eſtoient
portées ſans qu'on entendît le
bruit des artiſans , qui dehors
leur avoient donné leur derniere diſpoſition , & comme les vi-
ctimes eſtoient offertes à Dieu
hors le ſanctuaire où l'on ne luy
preſentoit que des encens , &
des ſacrifices de loüanges.

CHAPITRE V.

La Iustice fait des loix d'où dépend la felicilé des Etats.

LEs indigences naturelles de cette vie, les guerres domestiques & étrangeres qu'elle est continuellement contrainte de soûtenir , ont obligé les hommes de s'assembler dans les villes , afin que les forces & les industries particulieres devinssent communes, & que chacun en ressentît les favorables effets pour sa défensé, ses commoditez & ses délices. Mais de solitaire , de tranquille qu'estoit un homme , le voilà sous l'esperance d'un plus grand bien , engagé dans une multitude, d'el-

le-mesme sujette à se diviser,
comme un vaisseau mal basti à
s'entrouvrir en pleine mer, & à
perdre ceux qui s'y estoient em-
barquez pour éviter un autre
peril. Il est certain qu'une ville bien fortifiée remplie d'un
grand peuple, se peut défendre
contre les attaques des bestes
feroces, des voleurs & des ennemis ; mais elle a beaucoup
plus à craindre les revoltes &
les seditions, ces malheurs in-
ternes qui tournent ses forces
contre elle-mesme, & qui ont
abbatu les plus florissans Etats
victorieux de tous les autres.
La puissance d'où l'on se promet là du secours, peut dége-
nerer en tyrannie, si chacun
cherche ses interests ; si la force
prend l'empire entre les hommes comme entre les animaux,
si le plus foible est la proye du

plus puissant, si les plus subtils dressent les pieges où les simples se trouvent pris, & leurs avantages perdus : enfin si les méchans sont en beaucoup plus grand nombre que les bons, si l'innocence y est la plus foible, plus resoluë à souffrir qu'à offenser, sans doute elle y sera toûjours opprimée.

Ces malheurs seroient inévitables dans les Etats, si la Justice n'y donnoit remede par des ordres qui tiennent les courages & les passions en bride, qui sçavent adroitement rapporter les industries & les activitez de chacun à un bien public, & en établir la liberté par la sujettion de ses parties.

Cette Justice legale prend son origine de celle dont Dieu a gravé les lumieres & les sentimens dans nos cœurs, elle

Parag. 4. Inst. de just. & jur.

s'inſtruit par les conduites communes à la pluſpart des nations,
qu'on appelle le droit des gens.
Et puis la raiſon ajuſte ces no-
tions univerſelles aux neceſſitez particulieres des peuples, des
villes , des diverſes eſpeces de
gouvernemens que les peuples
ont établi d'un commun accord , ,qu'ils aiment, qu'ils défendent comme leur propre,
avec les meſmes paſſions qu'ont
les cauſes pour leurs effets , &
les Auteurs pour leurs ouvrages. Si nous conſultons noſtre
interieur , & ſi, noſtre eſprit
prend la liberté de ſe répandre
ſur toutes les terres & les iſles
habitées , nous verrons l'homme obligé de rendre les devoirs
de la Juſtice diſtributive &
communicative premierement
à Dieu , & puis à ſoy-meſme &
à ſes ſemblables, à ces trois ſu-

jets d'où dépend ce qu'il peut esperer de paix & de felicité en cette vie.

Nous devons tout à Dieu, de qui nous avons receu tout ce que nous sommes , par un amour qui a prévenu le noftre, qui nous conferve à tout moment ce qu'il nous a donné de vie , de lumieres , d'activitez & de biens. Nous luy devons tout par une jufte reconnoiffance de fes bienfaits, ce que nous fommes d'ailleurs obligez de rendre aux perfections infinies de fa nature , ainfi nous fommes reduits à l'impoffible & de nous acquitter de ces deux obligations, & de fatisfaire aux negligences que nous avons commifes à fon fervice. C'eft pourquoy tous les Etats bien policez, ont affigné le plus beau de leur revenu au culte de Dieu

dont ils adoroient les perfections infinies fous une inom-
brable diverfité de noms & de
facrifices. Un vaffal eft obligé
de ne pas fouffrir impunément
qu'on dife, & qu'on traite chofe
aucune qui offenfe les interefts
de fon Seigneur, auffi le Chreftien parfaitement inftruit des
fentimens qu'il doit avoir de la
Majefté divine, luy rend ce
qu'il luy doit par un facrifice
de loüange & de Juftice, quand
il fuppofe en luy toute la bonté, toute la miſericorde pour
nous qu'on fe figure en un bon
Pere pour fes enfans, parce
qu'il eft l'idée & l'original de
toute la paternité, dit l'Ecriture. Un veritable Chreftien ne
formera donc jamais de penſées
contraires à cette infaillible verité; & quand les libertins,
quand les impies chercheroient

les excuſes de leurs abomina-
tions dans d'autres maximes :
une foy ſincere & genereuſe ne
les ſouffrira jamais ſans venger
l'honneur de Dieu par toutes
les voyes poſſibles ; car tous les
hommes ſe doivent tenir offen-
ſez par l'injure qu'on fait à ſa
ſouveraine Majeſté ; comme
toutes les parties du corps, par
la playe qui bleſſe le cœur, tous
les enfans par l'injure qu'on fait
à leur Pere, obligez d'en pour-
ſuivre la vengeance, ou d'en
perdre la ſucceſſion. Auſſi les
Loix mettent entre les crimes
publics ceux qui ſe commettent contre le culte religieux,
où chacun peut eſtre partie
avec autant & plus de droit que
s'ils offenſoient ſa propre perſonne ; car la partie perit avec
ſon tout, tous les membres
avec leur corps, l'eſtat avec la

L. 4. c. de
hæret. &
Manich.

Religion qui en est le fondement. Les severitez de la Justice, ses Magistrats, & ses armes peuvent bien punir les criminels surpris dans les conjurations, les attentats & les parricides ; mais ce n'est là qu'une operation de chirurgie pour retrancher un membre gasté d'une fluxion qui prendra son cours sur les autres , jusques à ce qu'elle fonde sur les parties nobles d'où dépend la vie. La mort est inévitable sans le secours de la medecine qui cherche la cause du mal , pour l'arrester en sa source par un specifique & puissant remede. C'est ce que fait la Religion Chrestienne dans l'Etat , sans preuves , sans témoins , sans gesne, elle découvre les crimes ; elle en prévient les mauvaises volontez , elle les étouffe dés

l'inſtant qu'elles ſe forment, elle les arreſte dans la plus grande chaleur de leur entrepriſe,
par les ſtimules qu'elle met dans
les conſciences Elle y employe
premierement les conſidera-
tions humaines, & les bons a-
vis puiſſans ſur des cœurs qui
s'ouvrent d'eux-meſmes avec
une pleine confidence pour les
recevoir. Et puis par les paroles, les promeſſes, & les menaces divines, qui peuvent bien
arreſter les emportemens d'une
paſſion dans le cœur humain,
puis qu'elles changent le cours
des eaux & de la nature, qu'elles calment les vents & les mers
dans les rencontres qui demandent des miracles. Nous verrons
au ciel les biens incomparables
que la frequentation des Sacre-
mens a produit dans les Etats,
& les inſignes diſgraces où les

heresies toûjours orageuses les
exposent , quand elles s'efforcent de tarir les sources des graces divines , & d'en détourner
les hommes. J'ay traité ce grand
sujet dans un livre particulier ,
je ne fais icy que le mettre au
rang des devoirs de la Justice, où
l'Empereur Justinien ajoûte
deux preceptes comme deux
branches procedantes de ce
tronc, qui nous regarde , & nostre prochain , à sçavoir de conduire nostre vie selon les regles
de l'honnesteté , ne faire tort à
personne , & rendre à chacun ce
qui luy est deu. Ainsi la Justice
est veritablement l'ame de l'E-
tat , qui luy donne continuellement la vie & sensible & raisonnable , qui luy inspire , qui
luy conserve toutes ses bonnes
qualitez , & qui les rétablit
quand les infirmitez humaines

y caufent quelques alterations.

Quoy que les Sages confiderent la Juftice comme une vertu
qui fe donne fans referve au fou-
lagement des autres , il faut
neanmoins que la perfonne de-
ftinée par la providence à ces
grands emplois , ait en elle par
avantage les précieufes qualitez
dont elle fait part au public ; le
foleil eft éclatant de fa lumiere
devant qu'elle anime les couleurs , qu'elle nous diftingue les
objets , & qu'elle faffe icy les
beautez du monde ; les fources
font pleines des eaux qu'elles
verfent pour defalterer les bouches & les terres qui les demandent , ainfi l'homme jufte doit
premierement eftre tel pour foy
que pour les autres , & donner
un fi bel ordre aux parties qui
le compofent , qu'elles foient en
paix , & fi bien d'accord qu'el-

les concourent à la perfection
qu'il fe propofe. Il fera juftice
à fa raifon, s'il foûmet les fens
& les paffions à fa conduite, s'il
fournit aux neceffitez du corps,
felon les regles de la temperance , à celles de l'ame par les le-
&tures , la contemplation, l'e-
xercice des vertus ; d'où il tire
affez de forces pour n'eftre point
offenfé par aucune de toutes les
difgraces exterieures. Il fe gar-
dera cette fidelité de ne point
manquer aux bonnes propofi-
tions qu'il aura faites , de ne fe
point offenfer luy-mefme, & fe-
conder en cela le deffein de fes
ennemis , s'il portoit dedans
fon cœur des paroles qui ne
frappent que fes oreilles, fi des
phantofmes de l'opinion il s'e
faifoit des injures, s'il fe tenoit
offenfé des coups qui feroient
pris pour des faveurs , venant
d'une

Plato 4.
deRepub.

d'une main qu'on eſtimeroit
amie. Enfin il ne s'oubliera pas
de ſorte qu'il ne ſe mette au
rang de ceux qu'il aſſiſte de ſes
lumieres & de ſes conſeils , &
pour y mieux réüſſir , ſes études & ſes attentions donneront
une ſi bonne trempe à ſon ami,
qu'elle ne ſe trompera plus en
ſon jugement, & que ſa volonté
ne formera plus que des deſirs
legitimes.

Quand à la Juſtice que nous
devons rendre à noſtre prochain , l'Empereur la reduit
à ces deux maximes generales,
de n'offenſer perſonne , & de
rendre à chacun ce qui luy eſt
deu. La premiere a ſon fondement en la nature, qui porte les
choſes ſemblables à l'union qui
les aſſemble , & qui les meſle ,
de ſorte que leurs qualitez n'e-
ſtant point contraires , elles ne

font pas capables de ſe nuire ou
de s'affoiblir par le combat. Sur
cela la Loy dit que les hommes
eſt nt dans une étroite alliance
d'eſpece & d'origine, ils s'y doivent entretenir en amitié ſans
s'offenſer par ſurpriſes ou par
violences. Cette regle termine
beaucoup de difficultez que j'ay
recüeillies de tout le droit, au
lieu que je cite.

Quant à l'autre point de rendre à chacun ce qui luy eſt deu,
c'eſt le devoir de la juſtice diſtributive & commutative dont
j'ay déja remarqué les fondemens en la nature ; comme
quand on donne les charges aux
merites, les recompenſes legitimes aux travaux ; le prix égal
à la valeur de la choſe qu'on
achete, ou qu'on reçoit à loüa-
ge, les autres contracts qui
font paſſer une meſme choſe

L. 2.t vim
ff. de
Iuſt. &
jur.

Digeſt.
ſapientia
to. 2. tit.
minoritas
contrarie-
tatis nulli
nocere.

par diverſes mains dans le commerce , ſont eſtimez juſtes par
cette egalité de proportion ; &
en cela les cauſes particulieres,
quoy qu'indigentes , ne laiſſent
pas d'imiter les cauſes univerſelles qui donnent toûjours ſans
s'apauvrir. Ce n'eſt pas qu'il
ſoit poſſible d'éteindre dans le
cœur des hommes les paſſions
de l'avarice, qui veut tout ravir
& ne rien donner , de l'ambition, qui s'efforce de monter au
plus haut point de la puiſſance
par la ruine de toutes les autres,
de l'envie, qui tâche d'abbatre
toutes les éminences & les progrés qu'elle ne ſçauroit égaler.
Ces paſſions peuvent reſter toutes vives dans des ames aban-
données , avec quelque bruit,
mais ſans les effets qu'elles prétendent, qui ſeroient la derniere
deſolation des Provinces & des

Etats, parce que la Justice s'oppose à leurs violences, elles ne
peuvent que rugir comme les
Lions qu'on tient à la chaisne,
& comme la mer que Dieu contraint de demeurer dans ses bornes, aprés s'y estre long-temps
debatuë; & se retirer dans ses
abysmes à l'égard de ce qu'elle
s'est répanduë dessus nos terres.
La Justice est donc un miracle
continuel de la sagesse & de la
toute-puissance de Dieu qui arreste le cours ordinaire de la
nature, & qui empesche le dé-
luge des passions par le ministere des Juges & des Magistrats, qu'il établit en cela comme les Anges tutelaires des
Royaumes.

CHAPITRE VI.

Le choix des personnes pro-
pres à l'administration
de la Iustice.

SI la nature ne donne pas à la
matiere toutes les qualitez
que l'art y souhaite pour achever son ouvrage, il peut sup-
pléer à ce defaut par deux
moyens, & par le choix qu'il
fait entre plusieurs de celle qu'il
void la plus propre, & par les
nouvelles dispositions qu'il y
met devant que l'encherir de la
forme, pour estre l'auteur de
tout ce qu'elle a de beautez :
ainsi le Prince employe sa prudence, afin de discerner les esprits propres aux divers em-

plois de son gouvernement, &
puis il les forme, les polit,
& les ajuste à ses idées ; de
sorte qu'estant la veritable cause de la fin & des moyens, il
merite toute la gloire de leurs
bons succés. Les demons, les
Mathematiques, les Medecins,
nous font paroistre de petits miracles, quand ils ont l'adresse
d'appliquer les activitez d'une
cause à l'instant que le sujet est
en disposition de les recevoir, &
la prudence d'un homme d'Etat
ne consiste pas tant, dit saint
Thomas, à se proposer une
bonne fin, qu'au choix des
moyens & des personnes propres à y réüssir. C'est donc une
des plus importantes considerations qui doit arrester l'esprit du
Prince, de faire un bon choix
des Juges & des Magistrats, &
pour cet effet examiner les fa-

D. Thom.
2.2. q.3.
a.5. ad 2.

milles d'où ils sont tirez, afin de connoistre si l'exemple de leurs majeurs les anime aux grandes & heroïques actions d'un bien public.

Les Nobles qui se proposent l'honneur pour fin, semblent plus propres que les autres pour l'exercice de la Justice, car elle comprend toutes les vertus où consiste le veritable honneur, ainsi par ce seul employ, ils peuvent prétendre à la gloire de tous les autres. Ils ont trop de cœur pour estre tentez par les presens d'agir contre leur devoir, pour craindre la force & les menaces des puissances ; ce qui étonne les petites ames, les affermit dans la certitude de leurs jugemens, par un double sentiment d'honneur, & de s'en acquiter avec une franche liberté ; & de vaincre ce qu'on

estimoit capable de forcer leur
resolution.

Ces generositez ne sont pas
communes à tous les hommes,
aussi on ne les suppose pas ordi-
dinairement en des personnes
tirées du peuple , de la mar-
chandise & du commerce. Les
premieres instructions & les habitudes qu'elles y ont prises,
les exemples domestiques qui
les ont formez à ne travailler
que pour le gain , les rendent
suspectes de n'en perdre point les
occasions dans les emplois de la
Justice, où elles sont belles, secrettes & impunies ; parce que
les liberalitez s'y font sous les
beaux titres d'amitié , d'honneur & de respect. La foiblesse
de leur origine , qui les rend
sans credit & sans appuy , leur
fait considerer les puissances
avec une crainte, comme elles se
persuadent,

persuadent , si juste pour la
seureté de leurs personnes & de
leurs familles , qu'elle peut toucher les plus fortes ames, & les
oblliger à gauchir un peu , comme on fait sur mer , pour ne pas
aller de front contre un vent
contraire. Certes l'autorité du
Prince n'est pas considerée avec
ce qu'elle demande de respect
& de veneration, quand elle est
entre des mains si foibles qu'elles ne peuvent soûtenir les ba-
lances de la Justice dans l'égalité , sans que la crainte ou l'esperance de la faveur leur donne
le poids. Aristote écrit sur cela
que Carthage eut grand sujet *Arist. 2.*
de n'avancer aux emplois *Pol. y.*
publics que des personnes de
naissance & de moyens si considerables,qu'elles fussent indé-
pendantes de celles dont elles
devoient estre les juges ; car, dit

I

ce Philoſophe, il n'eſt pas poſſible que les pauvres s'acquittent bien des grandes Charges
avec ce qu'elles demandent d'é-
clat, de creance, & d'integrité;
leur eſprit qui ne porte pas ſi
haut eſt dans une défiance de
ſes forces, il ravalle leur courage, s'accuſe ſoy-meſme d'inca-
pacité dans toutes les diſgraces
de la fortune, cependant que
l'envie trouble ſes meilleurs
deſſeins, & que les peuples y
ſont moins ſoûmis. C'eſt pourquoy les Loix veulent que les
riches ſoient plus conſiderez,
& préferables aux autres dans
les emplois publics; car leurs
familles illuſtres,& leurs grands
biens ſont de notables intereſts
qui les engagent plus que tous
les autres en la défenſe de la
patrie, où ils ont plus à perdre,
leurs poſſeſſions ſont meſme des

gages & des hypotheques de ce qu'ils luy doivent de fidelité. Auſſi la Republique de Rome taxoit les grands revenus que devoient avoir ſes Chevaliers & ſes Senateurs, ſans que l'a-lienation leur en fût permiſe, afin qu'ils fuſſent toûjours en eſtat de ſoûtenir leurs dignitez avec honneur, ſans aucun de tous les ombrages qui peuvent naiſtre de l'indigence, & ſans que les puiſſances moins fon-dés en droit, ayent l'audace de tenter leur integrité.

Mais d'autant que la No-bleſſe & les biens ne ſont pas toûjours les marques infaillibles des vertus neceſſaires au Magi-ſtrat, on y peut joindre d'autres particulieres & plus exactes re-cherches dans les ſujets d'un meſme ordre où elles ſe trou-vent par éminence, on peut

*A. Gel-
lius lib.
16. cap.
10.*

*Sueton. in
Cæſar.
cap. 32.
Cic. epiſt.
ad Quint
Valer.*

considerer ces deux éclatantes
conditions de l'Etat, comme
les deux climats, favorisez plus
que les autres du soleil, où l'on
trouve aussi plus ordinairement
les précieuses qualitez d'un bon
Juge. Les familles déja recom-
mandables par les longs services qu'elles ont rendu à l'Etat,
seront comme les mines fecon-
des d'où l'on tirera cet or éclatant, incorruptible, dont Platon dit que les grandes ames
nées pour le gouvernement des
autres sont faites.

C'est le bonheur d'un Prince
de rencontrer des personnes de
cette naissance toutes instruites,
& capables dans l'occasion des
emplois qu'on veut leur donner, comme c'est un coup de
bonne fortune de rencontrer des
masses d'or naturellement assez
pures pour estre employées,

*Photius
bibl. c.
250. à
Costa
histor.
Tunio. lib.
4. c. 4.*

sans passer par le creuset ; mais
la sagesse politique aura plus de
gloire , & des succés plus heureux de rechercher les bons genies dans les illustres Maisons,
en faire le choix de bonne heu-
re , leur donner le premier ply,
& les impressions, dont on veut
qu'ils ayent les habitudes toute
leur vie pour le service de l'E-
tat. Platon est dans le sentiment que les personnes propres
pour estre un jour les gardiens
de la Republique , les artisans *Plato 3.*
de sa liberté , de sa paix & de *deRepub.*
son bonheur , doivent estre
choisis pour cela dés le premier
âge , élevez parmi les discours
& les exemples qui les forment
aux vertus necessaires au gouvernement, & qui les leur rendent aussi familieres que si elles
leur estoient naturelles ; par ce
moyen , sans qu'ils travaillent à

les acquerir, la force de leur esprit ne s'employera qu'à remarquer où ces grandes veritez peuvent estre mises en pratique, selon que l'équité les limite, les étend, les éclaircit, les perfectionne jusques à les avoir pour maximes experimentées dans la diversité de tous les sujets. Ainsi ceux qui sont maistres d'un mesme mestier, sçavent tous les regles & les pratiques communes pour achever leurs ouvrages, les meilleurs esprits ont cette excellence par dessus les autres d'agir par quelques secrets pour abreger le travail, & revestir leur matiere de beautez dont on ne la croyoit pas capable.

Auguste fut le premier entre les Romains, qui devant que l'âge & la coûtume le permit, donna la robe virile aux enfans

Sueton. in Augusto.

des Senateurs , & leur accorda
l'entrée du Senat , d'entendre
les déliberations , & de faire
leur eſprit à juger avec plaiſir
des grandes choſes , de les garder ſous un ſecret inviolable , &
ſçavoir la ſource des Loix dont
ſe ſervoit cet empire pour tenir
tout le monde en ſujettion.
Aprés ces meſmes ſerieuſes penſées , qui donnoient de l'exercice aux plus ſages teſtes de l'u-
nivers , jugez ſi ces jeunes hommes ne regardoient pas avec
beaucoup de mépris leurs
compagnons d'âge , adonnez
aux plaiſirs du corps , & qui ne
ſçavent pas mieux employer le
temps qu'en des deſordres où
ils le perdent & ſe corrompent?
Cette maturité d'eſprit avancée ſans contrainte & ſans af-
fectation , répandoit une modeſte gravité ſur leur port, leurs

paroles & leur visage , qui les
rendoit dignes de respect , & où
l'on remarquoit les premiers
rayons des grandes vertus, d'où
chacun devoit esperer les felicitez de la Republique.

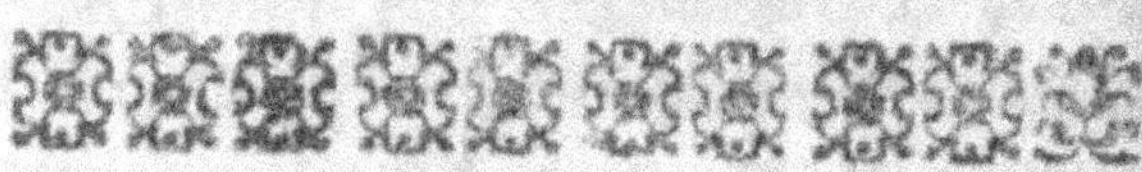

CHAPITRE VII.

*Les sciences propres aux per-
sonnes qui doivent estre
avancées aux Charges
publiques.*

LEs enfans doivent estre
mis le plûtost qu'il sera
possible aux études , afin que
ces idées innocentes , utiles à
toute la vie , soient les premieres en possession de l'esprit ;
qu'elles consacrent les premices

de ſes lumieres à la verité,
qu'elles préviennent les mauvaiſes impreſſions que les plaiſirs des ſens, que les vanitez &
les deſordres du monde y pourroient faire ; de ſorte que l'ame
eſtant d'ailleurs tres-ſerieuſe-
ment occupée, elle n'ait ni
lieu, ni temps pour les recevoir. Il faut partir devant le
jour, dés la premiere pointe de
l'aurore, pour achever une
journée que la longueur & les
difficultez du chemin rendent
extraordinairement grande ;
auſſi ne faut-il pas attendre la
maturité du jugement pour
commencer les études, dont la
matiere eſt ſi vaſte, que les plus
longues vies qui n'auroient que
ce ſeul employ, s'y trouveroient trop courtes, quand elles
ne feroient en cela que recüeillir la ſucceſſion de nos an-

ciens. Le travail qu'ils nous ont
laiſſé eſt tres-grand, neanmoins
il ne nous exempte pas des difficultez qu'il faut vaincre pour
y avoir une libre entrée. Le
Prince eſt obligé comme le va-
let d'agir en cela de ſa perſonne, d'apprendre une leçon, de
s'en charger la memoire avec
peine, de donner toutes ſes attentions à concevoir des termes
barbares, des regles inconnuës,
parce qu'on les luy dit neceſſaires, quoy qu'il n'en
voye ni les fruits, ni les uti-
litez.

Il eſt vray que ce premier
âge, où les concupiſcences naturelles ſont encore toutes aſſou-
pies, laiſſe l'eſprit plus docile
aux inſtructions qu'on luy
veut donner, moins ſenſi-
ble au travail des commencemens, comme les os ſur qui les

veines , les nerfs , les chairs s'é-
tendent & en ſuivent la conformation , qui portent toute la peſanteur,& toutes les activitez du
corps n'en ont pas le ſentiment
pour n'y point ſouffrir de douleur. Le courage , l'émulation,
l'eſperance d'avoir les capacitez
de ſoûtenir un jour les grandes
Charges de l'Etat , ſont les motifs qui animent une jeuneſſe
d'elle-meſme petillante, de s'attacher aux emplois mornes &
& ſolitaires de l'étude ; de ſe
tenir pour un temps dans le repos & les tenebres,afin d'y prendre les forces qui les produiſent
avec ſuccés dans un plus grand
jour. Ils commencent ce deſſein
comme l'an , ſes jours & ſes
mois , par une fàcheuſe ſaiſon,
& ne craignent point de culti-
ver leur minerve , quoy que
comme celle qu'on adoroit au-

trefois en Scio, elle leur montre d'abord un viſage triſte,
dans l'eſperance de le voir aprés
plus gay, plus gracieux & plus
obligeant. Quand ils auront acquis les ſciences & la capacité
de juger les hommes.

Dieu nous a mis en poſſeſ-
ſion du monde pour en tirer les
uſages neceſſaires à l'entretien
de noſtre vie, mais beaucoup
plus pour ſatisfaire aux aviditez
de noſtre eſprit par les beautez
raviſſantes qu'il a ſujet d'admi-
rer dans toutes les parties de l'u-
nivers, en leur ordre, en leur
conduite, qui eſt l'original de la
noſtre; dans les arts, les ſciences,
& les mœurs. Certes ce ſeroit
une lâche & honteuſe negli-
gence de ne pas connoiſtre ce
tout qui eſt à nous, que nous
avons receu de la liberalité de
Dieu, pour au moins ſçavoir

ce dont nous luy sommes redevables , afin que par nos affections & nos services nous luy
rendions ce qui nous sera possible de reconnoissance. C'est
pour cela que nous avons naturellement l'instinct de tout sçavoir , il nous est propre , & nous
distingue des bestes , dont les
connoissances ne sont en chaque espece que singulieres &
méchaniques pour réüssir en ce
qui regarde leur conservation.
La science universelle est donc
l'appanage de l'esprit humain ,
elle est possible , elle est avantageuse à tous les hommes , mais
elle est necessaire au Magistrat ,
qui devant juger de tout , doit
tout connoistre , la nature des
élemens , des composez , des
plantes , des animaux ; enfin
elle doit approcher de celle que
Salomon demandoit à Dieu

pour bien gouverner ſon peuple ; ſa divine Majeſté voulut que pour ce grand effet, pour tenir ſa Lieutenance au monde, & y repreſenter ſa ſageſſe comme ſon pouvoir, il fût avantagé d'une connoiſſance generale, *Sap. 7.* telle qu'il luy accorda : car il ſçavoit les proprietez de toutes choſes , dés plus petites juſques aux plus grandes , de l'hyſoppe, comme du cedre, de la mouche , comme de l'élephant , des fontaines , comme des mers , des aſtres , comme des fleurs, enfin les revolutions des cieux , des élemens , des Empires , les choſes paſſees , preſentes & futures , comme il dit luy-meſme , luy eſtoient connuës.

Cette ſcience ſi vaſte , ſans bornes, & qui ſemble tenir de l'infini , luy fut donnée par une

lumiere infuſe : les études ſeu-
les, quelque diligence qu'on y
apporte , n'arriveront jamais à
cette perfection , neanmoins
pour s'en approcher le plus qu'il
ſera poſſible, ſans que la quantité des objets rebute l'eſprit, il
faut les conſiderer comme les
parties d'une ſcience univerſel-
le, qu'elle met en ordre, qu'elle
pourſuit ſucceſſivement, & dont
e'le réünit les veritez par le
rapport qu'elle en fait à des
principes communs. On ne s'é-
tonne pas de lire ou d'écrire un
livre pour la grande multitude
des lignes , des mots & des let-
tres qui le compoſent, ni d'un
voyage pour le grand nombre
de pas qu'il y faut faire. Les
grandes choſes s'achevent de
ſuite & à repriſes , on ne demande pas qu'un homme ac-
quiere toutes les ſciences, & les

reduiſe à des principes communs en un jour, ni en une année. On amaſſe les bois & les
pierres, & puis on les employe
pour élever un édifice. Que
l'enfant commence par la
Grammaire, qu'on peut montrer par des methodes plus
abbregées que les ordinaires receuës dans les Ecoles ; au lieu
des fables, qui ſont le ſujet des
themes pour aprendre le Latin,
on peut y rapporter les belles
maximes de la morale , les
actions heroïques des grands
Capitaines , des Patriarches,
& des Saints , avec des agré-
mens qui diſtillent ces veritez
dans les eſprits , qui faſſent aimer les hiſtoires & les vertus.
En cet âge où les forces de l'i-
maginative, & de la memoire
ſont heureuſes, on peut par maniere de divertiſſement aprendre

dre l'Arithmetique, la Geo-
graphie, les premiers livres
d'Euclyde, & puis venir aux
regles de la Logique pour conduire le raisonnement, sans les
embarasser des abstractions Me-
taphysiques; elle donne l'ouverture à la Physique, qui est
la plus belle, la plus curieuse,
la plus agreable de toutes les
sciences: mais il faut la rendre
complete par les abbregez de
quelques-unes particulieres, qui
expliquent & donnent une
nette intelligence de ce qu'elle
suppose par ces abstractions:
comme au traité des principes,
il faut joindre un sommaire de
la Chymie; à celuy des mouvemens, les regles principales de
la mechanique; à celuy du ciel,
ce que l'Astronomie a remarqué de ses mouvemens; & l'A-
strologie des qualitez des dou-

ze ſignes du Zodiaque , des
ſept Planetes , & des étoilles
fixes. Un homme intelligent
peut éclaircir en moins de quatre pages cette matiere , que
beaucoup d'eſprits conſiderent
comme inacceſſible. Le traité
de l'ame vegetante & ſenſitive,
ſe doit perfectionner par l'Hiſtoire des Plantes qu'on peut
voir dans Mathiole , par celles
des animaux qu'on peut receüil-
d e Pl ine & d'Ariſtote, enfin
par l'Anatomie de du Laurent,
& par la Medecine de Fernel,
d'où vous tirerez en peu de
m p s   aſſez de lumieres pour juger de cette ſcience , qui pour
ſoûtenir une opinion , fait impunément ſes lamentables experiences au prix de nos vies,
comme dit Pline. Enfin le traité
de l'ame raiſonnable comprend
tous les arts dont les adreſſes

Experi-
menta
permortes
agunt.
Plin. in
præfat.
lib. 19.

sont admirables, & qui estant aprises sommairement des ouvriers, donnent à un bon esprit beaucoup de lumieres pour tous ses desseins. Les sciences sont le principal employ des grandes ames, les speculatives l'entretiennent dans le repos, les pratiques le forment aux vertus, & luy donnent les qualitez necessaires pour la défense & les progrés d'un bien public. La Morale & la Politique sont les deux sciences dont Platon faisoit plus d'estat, parce qu'elles rendent l'homme meilleur, qu'elles luy donnent des lumieres pour sa conduite & celle des autres. La Jurisprudence en prescrit les regles generales & particulieres. Aussi est-ce la science dont les personnes qui se donnent à l'administration de la Justice, doivent

faire leur étude principale;
quand Justinien la definit, Une
science des choses divines & humaines, il la rend universelle,
& veut que qui juge de tout,
sçache tout. Platon & Aristote
donnent ces libres & vastes
étenduës aux connoissances
d'un Philosophe , ils veulent
qu'il sçache toutes les causes,
tous les effets de la nature , &
de l'art , quoy que ce ne soit pas
avec toute l'exactitude que peuvent avoir ceux qui font une
particuliere profession de chacune de ses parties. Un Theo-
logien expliquera mieux les
mysteres de la Religion qu'un
Jurisconsulte , qui neanmoins
en doit sçavoir les veritez fon-
damentales, parce que le Prince s'en rend le Protecteur par
ses armes , & par son autorité,
comme on le peut voir dans le

Plato in
Theateto.
Arist. 1.
Metaph.
2.

premier livre du Code, & qu'il l. 4. C. de hæret. & Manich. fait eſtat de vanger les injures commiſes contre Dieu ; & afin qu'elles ne reſtent point impunies, il permet à chacun d'en former les accuſations. L'Egliſe décidera donc les difficultez que peut former l'eſprit humain en ce qui regarde le culte divin, & le Prince en autoriſera les decrets par ſon autorité qu'il met entre les mains de ſes Magiſtrats.

Leur étude d'office & d'obligation doit eſtre du droit Romain, de ces Loix qui ont eſté concertées, & faites enfin pour de tres-importans ſujets, par les plus ſages teſtes du monde, elles ſont encore aujourd'hui les ſources publiques de la verité, les oracles de la Juſtice pour la déciſion de tous les differends que les intereſts & les paſſions peu-

vent exciter dans le commerce
des hommes , si les coûtumes
locales n'y sont point contraires. Il faut donc joindre ces
loix municipales au droit commun , y remarquer les Arrests
rendus sur le sujet , toûjours
avec quelques differences qui
doivent estre considerées , re-
straintes , ou étenduës par une
équitable raison qui en est l'a-
me , selon ce droit. Il est le
pole & l'aymant qui doit regler
tous les esprits sur cette mer
orageuse , quelque route qu'ils
puissent tenir , car le demandeur & le défendeur appuyent
sur cela leurs prétentions , dans
les points mesme de coûtume,
au moins par des consequences,
comme les Juges prennent de là
des motifs tres-considerables de
leurs jugemens. C'est pourquoy
les officiers de Justice ne sont

point receus en leurs Charges
ſans des preuves authentiques
de leurs études en cette ſcience ; c'eſt la volonté du Roy,
aprés avoir fondé pour cela
les Univerſitez , les Chaires
& ſles Docteurs , avec leurs
gages & leurs privileges C'eſt
une coûtume inviolable , c'eſt
l'honneur des illuſtres compagnies, d'avoir pour collegues ,
c'eſt la conſolation des peuples,
d'avoir pour Juges de leurs differends des perſonnes d'une notable capacité.

Les plaintes & les averſions
ſeroient avec raiſon publiques
contre un Juge, qui par un in-
ſupportable mépris des Loix,
ſans les conſulter, ni les entendre , feroit eſtat de terminer
toutes les cauſes par ſes routi-
nes & par ſon propre jugement,
comme s'il eſtoit préferable à

tout ce que l'antiquité a pû refoudre fur ce fujet. Il void bien
par les confultations qu'il eft
fouvent obligé de faire pour
fon honneur , que fes fentimens ne font pas toûjours équitables, qu'ils font fuivis du repentir , & fouvent d'une hon-
teufe condamnation. Une ame
qui fe fentira tres-fincere , dé-
gagée de propre intereft , fe
trouve neanmoins infenfible-
ment furprife d'un fecret amour
pour le fang & pour la nature,
d'une crainte d'offenfer les
Grands , & d'un refpect qui
fait pencher la balance du cofté
qu'elle ne doit pas , quand tout
dépend de fon jugement. C'eft
pourquoy les Loix exemtes de
paffion , déterminent les chofes
particulieres autant qu'il fe
peut , & les laiffent le moins
qu'il eft poffible à la difcretion
des

des Juges naturellement ſujets
à ces mouvemens ſenſitifs.
Quoy cet homme ſans aucun
reſpect de ſa Charge ſe mettra-
t-il au deſſus des Loix qui luy en
accordent, & limitent la puiſſance ? Diſpoſera-t-il abſolument
des biens , de l'honneur, de la
vie des peuples par des jugemens illegitimes qui feroient
de plus grands dégats dans les
familles , qu'elles n'en peuvent
recevoir par les courſes des ennemis. Le Prince qu'il repreſente, & dont il tient l'autorité,
ne la luy donne que ſous cette
condition qu'il jugera ſelon les
Loix, neanmoins ſans avoir aucun égard, il n'a que ſes mauvaiſes pratiques pour regle , &
dans cette temeraire reſolution,
les faux jugemens où il s'expoſe
ſont infinis ; de Juge il ne ſera
plus qu'un Praticien , & qu'un

L

empirique , dont les bons
succés sont des coups d'hazard.
O miserable condition des personnes engagées dans les procés,
s'il leur falloit acheter si cherement leurs servitudes & leur
ruine, & si la Justice n'avoit plus
d'yeux ni d'oreilles pour les
Loix, si elle ne portoit les coups
de sa main armée que par humeur sans reflexion, aussi bien
sur l'innocent que sur le coupable.

Les Loix doivent donc estre
les regles des jugemens, & leurs
principales matieres seront les
titres où le Jurisconsulte pourra
reduire par application les belles lumieres qu'il s'est acquis
par une science universelle. Je
me suis servi d'une methode
generale, & neamoins qui spe-
cifie davantage tous les sujets;
car j'ay reduit toutes les propo-

ſitions qui ſe peuvent faire, particulierement de Morale & de Politique à dix-huit mots pris de Jules, neuf abſolus, neuf relatifs, en les joignant deux à deux; j'y ay reduit ce que j'ay trouvé de plus beau dans tous les Auteurs anciens, ſacrez & prophanes, dans le droit civil, le Droit-Canon, les Conciles generaux, les déciſions de Droit, les hiſtoires des nations, dans la Morale, la Politique, la Medecine, les Mathematiques, l'Aſtrologie, dans les Platoniciens; & je concluds cette Encyclopedie ſur chaque ſujet par une demonſtration de pluſieurs raiſons tirées de meſmes termes, dont tout l'œuvre eſt compoſé; l'uſage a déja fait connoiſtre le profit qu'un bon eſprit peut tirer de ce travail en l'adminiſtration de la juſtice. Ceux qui se retirent du Barreau, & du Siege, pour se mettre dans les affaires d'Etat, n'auront plus rien à desirer dans les conseils. Si ayant ce que je viens de representer, ils y joignent les instructions particulieres de ce qui se fait à present chez les peuples avec lesquels il nous faut tous les jours traiter, sçavoir leurs Loix, leurs Coûtumes, leurs Princes, leurs Ministres, leurs differends, leurs commerces, leurs alliances, leurs façons d'agir, par les remarques de leurs negociations; ces choses de fait jointes aux idées de la science universelle, feront un grand jour pour consulter & se resoudre en toutes rencontres.

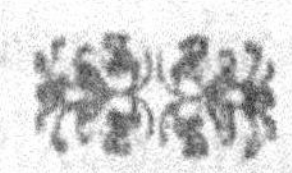

CHAPITRE VIII.

L'exercice d'Advocat eſt le premier degré de la Iuſtice pour monter aux autres.

LEs genereux exercices de la vertu donnent à l'ame ce que la Medecine par ſes regimes & ſes remedes promet au corps, un temperament égal, une ſolide & vigoureuſe ſanté pour l'acquit de ſes actions, & pour ſe rétablir aiſément quand les cauſes domeſtiques y ont apporté quelque deſordre. La temperance entretient le corps & l'eſprit dans une tranquille & joyeuſe mediocrité ſans aucunes des incommoditez que produit l'excés. La prudence prévoit

de loin les moyens qu'elle doit
tenir pour ſes ſeuretez & ſes profits; ſous cette heureuſe conduite
la force prend ſes avantages, &
ſe ſert ſi bien des occaſions
qu'elle pourſuit ſes deſſeins , &
remporte la victoire de ſes ennemis. Il ne faut pas s'étonner
ſi le Sage cherit ces précieuſes
qualitez de l'eſprit, ſi neceſſaires
à l'établiſſement de ſon bonheur ; & s'il les cultive comme
il feroit une bonne terre pour
en recüeillir les fruits. La Juſtice eſt ſeule entre les vertus qui
dépoüille l'homme de l'amour
que la nature luy imprime pour
ſa conſervation, & ſans luy permettre de travailler pour ſon
intereſt , le fait ſeulement agir
pour celuy des autres , comme
s'il eſtoit affranchi de toutes les
neceſſitez de la vie.

Il conſidere les autres condi-

tions de la ſocieté civile, comme
la terre & l'eau qui ſont renfer-
mées enſemble dans la circonference de leur globe, & qui ſe
donnent un reciproque ſoulagement par le commerce de leurs
qualitez; mais les perſonnes conſacrées à la Juſtice ſont comme
les corps celeſtes, dont les mouvemens, les lumieres & les vertus incorruptibles ne prétendent qu'un bien public. Ils ren.
dent ici-bas tous leurs bons offices par l'entremiſe de l'air
tres-ſubtil & ſans peſanteur,
afin de répandre leurs précieuſes qualitez dans tous les eſpaces du monde, d'eſtre preſent à
toutes les reſpirations, & par
tout remplir les lieux menacez
de vuide. Ce corps preſque eſprit, eſt le premier des ſupe-
rieurs que la providence deſtine
à un bien commun par des acti-

vitez continuelles, plus promtes
& plus expresses que toutes les
autres. Ainsi passez le bas âge
de la justice dont les parties ne
servent qu'à l'execution, entre
celles qui regardent le jugement, l'Advocat est le premier,
le plus importun, le plus favorable, le plus necessaire , & qui
se prodigue le plus pour le bien
commun. De quelques passions
que les parties soient emportées
en la poursuite de leur droit,
elles se lassent bien-tost d'y perdre les douceurs de leur famille , les profits de leur commerce,
la conversation de leurs amis,
les curiositez de leur esprit. Un
Advocat abandonne tous ses
plaisirs , & ses interests pour
s'exposer à servir les autres,
pour de leurs affaires & de
leurs inquietudes en faire les
siennes , les prendre sur soy
pour les soulager.

Peregri-
num ne-
gotium
ad suas
molestias
trahit
ut labo-
ribus sub
veniat
alienis.
Cassiod.
lib. 1.
Var. ep. 12

Quand vous ne considereriez cet employ que par des raisons purement civiles, c'est le plus obligeant, le plus favorable, & le plus necessaire de tous, mesme à toutes sortes de conditions ; car les pauvres, les ignorans, les mineurs, font assurez de trouver la protection de leur droit en la bouche d'un bon Advocat. Les plus sçavans pourront concevoir la Justice de leur cause, si l'amour propre ne les flatte point ; mais ils n'auront pas peut-estre la liberté de la parole pour l'expliquer en public, ni toute la retenuë qu'on souhaiteroit, pour ne dire que les choses importantes à l'éclaircissement de la question. Les Juges mesmes sont merveilleusement soulagez par le discours d'un Advocat qui leur déduit nettement

le fait, qui distingue & forme
les points sur lesquels il faut
prononcer, qui leur donne
beaucoup de lumiere par l'autorité des Loix, des Coûtumes, des Docteurs, des choses jugées, & quand il y joint
les pertinentes repliques aux
objections qu'on luy a pû faire.
C'est estre en quelque façon le
premier Juge, de representer les
affaires avec des preuves qui
ne peuvent estre refusées, comme l'on montre une verité de
Mathematique, & sans parole
on en prononce le jugement
par sa demonstration.

Les anciens crurent cette affaire de telle importance, qu'elle ne pouvoit pas estre dignement traitée par un seul esprit,
& qu'il falloit dans une cause
de merite deux Advocats, l'un
qui representast le fait avec les

L. penn. c.
de Postul.
Cujac.
observat.
lib. ij.
cap. 1.

circonstances & les reflexions
considerables, l'autre qui n'auroit qu'à rapporter le texte des
Loix, le sentiment des Docteurs, avec leurs raisonnemens
sur la question de droit.

Certes les Sages eurent grand
sujet de recevoir l'éloquence
dans les Barreaux pour bien expliquer le droit des parties ; car
si la Justice est une chose sacrée, comme nous avons dit,
& si ses premiers Ministres ont
de grands rapports avec le Sacerdoce, si les tribunaux sont
leurs temples, les ornemens n'y
doivent pas estre épargnez, non
plus qu'en ceux qui sont consacrez à Dieu ; & la verité que le
ciel nous a toûjours donnée avec
beaucoup d'éclat par la bouche & la musique des Anges,
merite bien d'estre déduite avec
les beautez de la parole devant le

Juge. Il represente la majesté
du Prince qui ne veut pas estre
traitée avec des choses communes, & qu'on offenseroit par un
mauvais discours, en ce qu'il té-
moigneroit quelque mépris.
Outre le respect qu'on doit au
lieu & à la personne, plusieurs
raisons rendent l'éloquence necessaire dans les Barreaux ; car
la verité d'un fait dépend des se-
cretes intentions d'une partie,
impénetrables à nos yeux & à
nos esprits, & qui ne peuvent
estre devinées que par les con-
jectures du passé, par beaucoup
de circonstances qu'il faut tirer
des tenebres, & les revestir des
vives couleurs de la nature par
la beauté du discours, si l'on
veut qu'elle fasse foy. Les autoritez mesme, quoy que tres-
expresses, sont fades, si l'éloquence ne les anime, & ne les

accompagne d'un agrément
qui attache, & qui gagne les
eſprits par le bel ordre qu'elle
donne aux preuves. Or celles
du fait & du droit pour eſtre entieres & parfaites, doivent eſtre
inſeparables; qui les diviſe les
affoiblit & les ruine. La beauté perit ſi vous la ſeparez des
proportions de ſa matiere. Un
concert n'a plus ſon harmonie,
ſi vous conſiderez ſeparément
les voix qui le compoſent ; le
fait ſans le diſcours eſt un corps
ſans ame, & les diſcours ſans
le fait ſont des ames ſans mouvement, des idées des phantoſ-
mes, des viſions ſans aucune
force. Les plus belles Loix ne
ſervent de rien, & ne ſont
point déciſives, ſi elles ne ſont
adroitement appliquées aux circonſtances du fait qu'on a déduit en la narration, & qu'on

reprend quand on vient aux
preuves. Il faut donc qu'une
mesme bouche les prononce, &
les confirme, autrement l'occasion s'en perd si on la differe, on bat le fer pendant qu'il
est chaud, & il faut mouvoir
les esprits dans la chaleur d'une
preuve, devant que d'autres sujets les remplissent & fassent
diversion des pensées. Il ne faut
donc qu'un Advocat bien instruit du fait & du droit pour
la défense d'une cause, luy laisser toute la gloire du succés,
comme on faisoit au Dictateur
durant une guerre, c'est le mettre dans une occasion assez pres-
sante de ne rien omettre de
tout ce qui peut servir à son
dessein.

Cette genereuse ardeur d'y
bien réüssir sert infiniment à sa
propre instruction, quoy qu'il

n'agiſſe que pour l'intereſt de ſa partie ; car il verra tous les livres ſur ſon ſujet, il prendra conſeil & lumiere de ſes amis; ſes penſées fixes ſur ſa queſtion y découvriront de nouveaux expediens, comme nos yeux arreſtez ſur l'azur du ciel durant une belle nuit, y remarquent beaucoup plus d'étoilles. Il ſçaura les preuves, les objections, les réponſes, tout ce qui ſe peut dire ſur cela, avec des certitudes & des preſences qui jamais n'échaperont de ſa memoire. S'il eſt de meſme bien informé des autres queſtions qui ſe plaident à l'audience, qui ſe traitent dans les compagnies & les diverſes renconttes, s'il ne ſouffre point en ſon eſprit de difficultez dont ſon étude ne luy donne en un meſme jour l'éclairciſſement , &

s'il en fait les remarques , il
aura bien-toſt la theorie jointe
à la ptatique d'une parfaite Ju-
riſprudence. Cette diligente vi-
vacité des Advocats donna ſujet
à l'Empereur Valerian d'appeller leur compagnie un Semi-
naire de dignitez , car celuy qui
continuë de la ſorte ſes études , peut répondre ſur le champ
de toutes les queſtions qui luy
ſeront propoſées , ainſi le juger
à l'audience quand il ſera mis
en charge.

Il n'eſt pas ſeulement en l'at-
tente d'un employ public , car
celuy d'Advocat s'il l'exerce a-
vec eſtime , eſt, diſoit un grand
perſonnage , une dignité & une
dictature perpetuelle , conſide-
rée avec reſpect de toutes ſortes de perſonnes , par un merite
perſonnel que l'argent & la faveur ne peuvent donner. Je ne
voy

voy rien de plus ſublime que
d'eſtre le protecteur de l'innocent, quand la force, les frau-
des, les coups de mauvaiſe foy
tâchent de l'opprimer ; & ce
bon office qu'on rend à l'Etat,
n'eſt pas moindre, dit la Loy, que ſi l'on en chaſſoit les ennemis par les armes. Car on n'ar-
reſte pas ſeulement les querelles & les guerres, mais on les
prévient,& on empeſche qu'elles ne troublent le repos public,
quand on peut montrer nettement entre deux parties laquelle a le droit, & répondre aux
apparentes raiſons qui entre-
tenoient leurs inimitiez. C'eſt
pourquoy les grands perſonna-
ges de l'antiquité, comme Peri-
clés & Demoſthene chez les
Atheniens, Ciceron chez les
Romains plaident fort ſouvent
de grandes cauſes devant le Se-

l. 14. c. de ad ne. diver. jud.

M

nat , ce dernier acquit par ce
moyen l'eſtime d'aimer la patrie, & enſuite d'en eſtre Con-
ſul.

Conſiderez cet Office comme Chreſtien , c'eſt un des
grands effets de la charité, telle
que Job la pratiqua dans les
plus beaux jours de ſon bonheur, quand il dit ; J'eſtois l'œil
de l'aveugle , le pied du boi-
teux , le Pere des pauvres; je fai-
ſois pour eux mes ſollicitations,
& tâchois de découvrir la cauſe
de leurs diſgraces pour y apporter le remede ; ſans m'épargner
j'abbatois ſous moy l'injuſte, &
le violent , je leur briſois les
machoires, & j'arrachois d'entre
leurs dents le pauvre dont ils
alloient faire curée. Thomas
Morus en Angleterre donna les
premieres preuves de ſon grand
eſprit dans l'exercice d'Advo-

cat, où gratuitement il obligeoit
chacun de son conseil , dispo-
soit les parties aux transactions,
& à un amiable accommode-
ment de leurs affaires. Saint
Yves pratiqua le mesme en
basse Bretagne , & acquit particulierement en cela la sainteté
qui le rend venerable à toute
l'Eglise. Que si tous n'ont pas
assez de bien pour exercer gratuitement cet employ, beaucoup plus penible que celuy des
Juges , à qui le Prince assigne
des gages ; comme l'Ecclesiastique n'est pas blâmé , s'il vit
de l'Autel , auquel il consacre
toute sa vie , on ne doit pas
ttouver mauvais si l'Advocat
tire sa subsistence de la Justice,
qu'il sert par les longs travaux
de ses études , & les continuelles contentions de son esprit.
Aussi pour répondre à la calom-

nie du Poëte, qui en parle comme d'un homme à journéé, qui
loüe ſa langue, & ſes mouvemens à qui plus luy donne ; la
Loy appelle la reconnoiſſance
qui luy eſt liberalement offerte,
honorarium un preſent d'honneur, non pas pour ſoulager la
pauvreté, mais pour rendre ſes
reſpects à un merite dont on ſe
tient obligé, & à des qualitez
divines par une eſpece d'of-
frande.

i. e. d
Varis &
xtraor.
cognit.

Un des plus grands honneurs
dont nous venerons les Saints,
& la Vierge, Mere de Dieu,
c'eſt de les appeller nos Advocats. Saint Jean donne ce titre à
Jeſus-Chriſt, & le dit noſtre
Advocat auprés de ſon Pere
l'Ecriture ſainte nous le repreſente quelquefois droit devant
ſon Trône où il plaide noſtre
cauſe, & demande miſericorde

ri. Ioan. 2
Stat ad-
vocatus.
ſedet
index.

pour nous ; & puis assis à sa droite pour nous donner une plus vive esperance de la grace, d'avoir pour Juge celuy mesme qui la poursuit en qualité de nostre Advocat. Joignez la pieté & la science d'un homme de cette profession, vous en faites un soleil qui éclaire & qui échauffe tout un Parlement aux 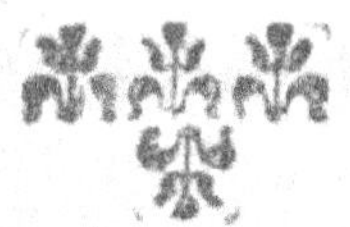

devoirs de la Justice. Il imite Jesus-Christ, que l'Apostre dit estre la sagesse , & la vertu de Dieu , en ce qu'il met en œuvre tout le bien que ses lumieres luy font connoistre , & jette la confusion sur le visage de ceux qui se portent à des pratiques contraires.

CHAPITRE IX.

Il est important de passer par les moindres Charges pour venir aux plus relevées.

L'Esprit humain porte naturellement en soy une secrete generosité qui demande de grands sujets pour y déployer ses forces. Il void la difficulté des entreprises, & s'y jette sans plus déliberer des évenemens que s'ils estoient en sa disposition, & que ce fût assez de s'y porter pour y réüssir. Cette ambition de se tirer d'une vie particuliere & populaire, pour s'introduire dans une autre où l'on ait quelque part au gouvernement, fait que l'Etat

est importuné d'un tres-grand
nombre de personnes qui s'of-
frent, qui se pressent à son service, qui l'incommodent, &
qui le troublent sous prétexte
de le soulager. Le Prince ou
le Senat peuvent veritablement
en ces rencontres, tirer avantage de la multitude, & y faire
plus facilement le choix des
personnes d'un merite égal aux
Charges qu'ils ont à remplir;
mais entre plusieurs concourans
qui se disputent le pas, pour
un qu'ils avancent ils en deso-
bligent plusieurs. Il leur est
bien difficile de ne pas donner
beaucoup à l'antiquité, aux
grands services passez des familles, à la recommandation
des Puissances, & de leur faire
quelques faveurs, d'où l'envie
prendra sujet de former ses
plaintes, ses froideurs, ses aver-
sions.

C'est pourquoy les Sages ont trouvé meilleur d'exemter le Prince de cette odieuse puissance, & de la remettre toute entiere en la disposition de la Loy, également sourde & inexorable aux plaintes comme aux reproches des prétendans. Cette Loy autorisée de la Coûtume, & qu'à dessein l'on fait garder par un sentiment d'honneur aux plus puissans, qui auroient sujet d'en prétendre l'exemption, porte qu'il faut passer par les moindres Charges, pour s'élever par degrez, par merites, & sans contredit aux plus éminentes. Elle est prise de la nature qui assemble les qualitez élementaires, & met avec le temps les justes dispositions dans une matiere, devant la forme dont elle la doit revestir. Le germe d'un gland plein de puissans esprits qu'il enferme

enferme dans une fort petite quantité , pouſſe premiere-ment ſes racines, afin de pour-voir à ſa nourriture , & puis il ſort de terre comme une herbe, s'éleve , durcit petit à petit en bois , & par une ſuite de lon-gues années groſſit enſorte qu'on en fait les poutres qui ſervent aux appartemens des beaux édifices , & à bâtir les grands vaiſſeaux. Noſtre vie commence par celle des plan-tes , en ſuite nous avons le ſens comme l'animal , & ces deux degrez de vegetable & de ſen-ſitif ſervent de fondement con-tinuel aux facultez de noſtre nature raiſonnable , tant que noſtre ame eſt engagée dans un corps mortel.

C'eſt un ſujet comme infini de montrer par induction qu'en la nature les commencemens des

plus grandes choses sont petits,
que la surface de la terre s'étend
insensiblement en colines & en
montagnes par les vapeurs, qui
estant distillées en eau s'épai-
sissent, & prennent enfin cette
dure consistence ; Que tous les
insectes ont esté vers & ram-
pans devant qu'estre volatiles.
Tous les hommes, les Princes
mesmes, ne sont-ils pas contraints de passer par les simpli-
citez de l'enfance par les emportemens de la jeunesse, & de
cet âge qui n'est sage que par
la conduite d'un autre, devant
qu'avoir la maturité du jugement ? De là tous les arts ont
mis pour la premiere de leur regle, de ne recevoir aucun pour
maistre qui n'ait fait son ap-
prentissage ; cette Ordonnance
fut jugée si juste & si necessaire
que les Loix condamnent de

concuſſion celuy qui auroit receu
quelque choſe pour exemter
un artiſan de s'inſtruire durant
tout le temps qui eſt preſcrit, &
d'en donner à la fin les témoignages par ſon chef-d'œuvre.
Cette épreuve eſt rude à un eſprit qui ſe ſent avoir plus de
lumieres que les autres, & la
capacité de ſe produire, de
demeurer neanmoins tout ce
temps dans le reſpect, dans la
ſujettion, & au dernier rang de
ceux qui profeſſent le meſme
exercice. Cette rigueur qu'on
tient à un apprentif, appellé par
les Romains *tyro*, fut premierement pratiquée dans la milice,
où il falloit que les plus grands
courages, & les perſonnes des
plus illuſtres naiſſances, naſ-
faſſent par ce degré, devant que
monter aux plus grandes Charges : aujourd'hui meſme nous

l. fin. c. de
tyrocin.

voyons de jeunes Princes porter le mouſquet, & faire les fon-
ctions de ſoldats dans le Regi-
ment des Gardes , pour eſſuyer
la honte de cette ſage conduite
par leur exemple, & confondre
la temerité de ceux qui ne voudroient paroiſtre dans les armées
qu'avec la commandement.

Cette coûtume a de tout
temps eſté receuë dans les dignitez civiles , de n'y avancer
que par degrez , quelque avantage qu'on ait d'eſprit, de naiſſance ou de famille ; en effet il
eſt bien rude qu'un nouveau
venu, qui n'a pour preuve de ſes
excellences que des préjugez incertains entre les hommes, que
des qualitez éclatantes, qui n'é-
tant pas peut-eſtre jointes à la
vertu , ni temperées par ſes
conduites , ont fait les grandes
revoltes dans les Etats, les he-

refies & les fchifmes dans l'E-
glife. J'eftimerois plus une me-
diocre capacité, dont on a fait
une longue experience, & qui
fe meurit avec le temps, que
ces rares productions d'efprit fi-
toft avancées, toûjours fufpe-
&tes, fouvent malheureufes, &
qui ayant plus d'artifice peuvent mieux cacher & foûtenir
leur tyrannie. Un arbre nou-
vellement couppé mis en œuvre, eft fujet à fe coucher fous
le poids d'un grand édifice; ainfi
ces perfonnes trop toft avancées
aux Charges fe trouvent dans
des foibleffes qui ne fe peuvent
excufer que par leur peu d'experience. Cela eft à craindre
en ceux qui ne voudroient
paroiftre dans les Cours fou-
veraines qu'en qualité de Juges, fans y avoir donné les
preuves de leur capacité dans le

Barreau , & s'eſtre formé tout
à loiſir dans la pratique des affaires. Ainſi dans les Finances,
il eſt tres-important d'éprouver
la fidelité d'un Officier dans
les moindres Charges , devant
que le mettre en celles d'où dépend le bien , ou la confuſion
d'un Etat.

L'Egliſe , dont les Charges
ſont plus importantes , parce
qu'elles regardent le ſalut des
ames , ne permet point auſſi
qu'elles ſoient données qu'aux
merites, en montant par les bas
degrez aux plus hauts , par un
ordre dont ces Offices ſacrez
empruntent le nom. Comme
ſi c'eſtoit s'expoſer aux précipices qui environnent ces éminences , d'y monter ſans mettre préciſément le pied dans les
pas qui ſont marquez pour eſtre
fermes, & ſans peril. L'Apoſtre

exhorte de ne point avancer les nouveaux convertis à l'Episcopat, crainte qu'ils ne conçoivent ces insolentes pensées d'eux-mesmes, que leurs merites sont extraordinaires d'estre choisis par avantage sur ceux dont les vertus depuis long-temps experimentées devoient recevoir cette recompense. Saint Gregoire Pape s'étend fort sur ce sujet aux lieux que je cite. Les Conciles y sont formels, appuyez des raisonnemens des Peres en mon Digeste.

Un bon esprit qui se trouve au commencement dans un employ moindre que sa portée, s'en acquitera sans aucun travail, & pour n'y estre point inutile, il aura moyen d'y découvrir tout ce qui s'y peut faire de mieux, & prévoir toutes les adresses, les monopoles, les

secrettes intelligences qu'on y
peut traitter au préjudice des
Loix ; ainsi prévenir ces dan-
gereuses pratiques , & les
rendre inefficaces par de bons
remedes. De là s'il monte
aux plus grandes Charges , il
sentira un sensible accroisse-
ment de ses forces , quand elles auront tout ce qu'elles demandent d'étenduë , il y trou-
vera des methodes , des expediens, des moyens d'agir plus
courts, & plus assurez ; il sçaura
par experience tous les détours
des moindres emplois où il a
passé, de sorte qu'il fera mourir tous les mauvais desseins
qu'on pourroit former de le
surprendre, parce qu'on les sçait
inutiles. Comme il connoist le
fort & le foible de toutes ces
basses conditions , il peut dans
la rencontre leur donner de

bons reglemens , & les faire
toutes concerter pour un bien,
public. Il aimera ces Officiers
qui autrefois furent ses Collegues, comme si les alliances de
Police ressembloient à celles du
sang qui sont perpetuelles , &
dans cette beatitude civile il
n'oublira jamais ceux qu'il eut
autrefois pour compagnons,
jusques à ce que ses soins les
mettent dans une parfaite integrité de Justice.

l. 2. ff. de reg. jur.

❦❦❦❦❦❦❦❦❦❦❦

CHAPITRE X.

Les Charges se doivent don-ner aux merites.

UN homme riche des ver-
tus Chrestiennes, est dans
un estat tranquille, relevé par-
dessus tout ce que les passions

humaines peuvent defirer , ce
que la fortune & les puiffances
de la terre luy peuvent offrir ;
parce qu'il trouve fes entieres
fatisfactions en Dieu fon fou-
verain bien. Il pafferoit toute
fa vie tres-heureufe en la conduite de fon interieur , & dans
les fpectacles de l'eternité, dans
ce qui paroift en fon fiecle , ce
que les Hiftoires luy rapportent
des queftions qui ont agité les
efprits , des guerres qui ont dé-
folé les peuples , des inconftan-
ces des Cours , toutes ces chofes ridicules & lamentables ne
font qu'un petit acte de cette
grande comedie , plûtoft un pré-
lude des felicitez & des mife-
res qui refteront à jamais aprés
tous les temps. Ce Sage qui
connoift parfaitement la nature
de l'homme , des peuples , des
gouvernemens, des fiecles, qui

en remarque les origines , les
progrés , les décadences , les
fins , qui void quaſi comme les
Anges les concluſions en leurs
principes , eſt une lumiere
qu'on ne doit pas laiſſer comme elle eſt couverte , mais la
mettre en liberté d'éclairer les
autres , autant qu'elle peut , &
qu'ils le deſirent.

Ce ſeroit la recompenſe d'u-
ne vertu commune d'eſtre miſe
dans les Charges pour y rendre
la Juſtice , & remplir ſi dignement cet auguſte lieu qu'elle
en baniſſe l'iniquité ; mais les
grandes ames de l'étenduë que
nous avons repreſentée , ne
viennent pas dans les emplois
pour y recevoir des honneurs
ou des profits , leur plenitude
n'attend pas ces accroiſſemens ;
ce qu'elles demandent , c'eſt la
liberté de ſe répandre dans

tous les ſujets capables des
biens qu'elles y peuvent faire.
Elles ont beaucoup de rapport
avec ces ſublimes intelligences,
que l'Egliſe appelle Domina-
tions , & que ſaint Denis nous
décrit animées d'un zele à qui
les baſſeſſes , les ſervitudes , les
déreglemens , les laideurs contraires aux bontez divines ſont
inſuportables , & qui ſe plai-
ſent d'avoir le gouvernement
pour y établir un ordre confor-
me aux idées qui regnent dans
le ciel & dans la nature. Ces
Anges imperieux qui ne reſpi-
rent que l'honneur de Dieu ,
que d'étendre & affermir ſon
regne parmy les hommes, s'op-
poſent ſans jamais ceder aux
entrepriſes ambitieuſes, aux intereſts , aux adreſſes , aux cor-
ruptions conjurées à mettre le
gouvernement entre des mains

ennemies de la vertu.

Cette conſideration a de tout D. Aug. ep. 81.
temps eſté la plus forte dans
l'eſprit des Sages pour les obliger à prendre les emplois publics, & n'eſtre pas ſi fort attachez à l'agreable repos de leur
ſolitude, qu'ils ne la quittent
quand il eſt queſtion de ſervir
l'Egliſe ou l'Etat. Les Athe- Plutarch in Them.
niens ne pouvant plus ſuppor-
ter les continuelles hoſtilitez des
Perſes, leverent une groſſe armée pour s'en défendre, & furent en deſſein de nommer pour
General un Epiclés grand Orateur, mais tres-mauvais Capitaine, & qui ſans experience
au fait des armes, ne promet-
toit rien d'avantageux en cette
rencontre. Themiſtocles forme
ſa brigue contre celle de ce
Concourant, & par toutes ſortes
de moyens, par ami & par argent

fit enſorte qu'il eut la conduite
de cette armée, qui fut ſuivie
d'une glorieuſe victoire. Il ne
s'engagea dans cet employ que
pour les tirer des mains qu'il
ſçavoit eſtre trop foibles pour
y réüſſir.

Pluſieurs pourſuivent une
meſme Charge pour des fins
fort differentes, & meſmes
contraires. L'un y cherche ſes
intereſts particuliers, l'honneur, le profit, un titre qui le
mette en quelque conſideration
dans le monde, & qui luy donne moyen de ſervir ſa famille
& ſes amis : L'autre ne prétend
que d'agir ſur les idées qu'il a de
reformer les abus, de faire
paſſer de bonnes loix en Coûtume, d'eſtre le protecteur de
l'innocence, l'ennemi des frau-
des & de la mauvaiſe foy ; de
ſorte que la Juſtice rappellée de

son banissement , regne dans une pleine autorité parmi les hommes. C'est le grand point du gouvernement de bien faire la distinction des esprits ; & de reconnoistre le motif de ceux qui prétendent aux Charges, si c'est l'avarice , l'ambition , la vanité d'emporter le prix sur les Concourans, ou si c'est le desir d'avoir dans un grand employ les belles occasions d'y pratiquer plus de bien , de s'y fortifier par l'union de ses semblables , qu'il fera , s'il n'est assez heureux de les trouver tels , on reconnoistra bien-tost ses intentions, si la faveur se porte toûjours pour les merites & pour la vertu , sans laquelle les sciences & les adresses sont des armes entre les mains d'un ennemi , qui poussera ses mauvais desseins , sans qu'il soit poſſible de les arreſter.

La Juſtice eſt une vertu qui
fait eſtat de donner ſes ſoins,
ſes diligences, & ſes travaux
pour le ſoulagement des autres,
& particulierement pour la Republique, qui ſous ce nom col-
lectif les comprend tous. Elle
n’a donc rien de ſi contraire que
l’ambition de ceux qui dans les
Charges ne prétendent que
leurs intereſts, ſoit d’honneur
ou de profit ; qui ſous ce titre
de Charge publique, ne cherchent que leurs avantages particuliers. Si l’on exclud d’une
tutelle celuy qu’une extrême
pauvreté , qu’une averſion de
famille, qu’une injure faite ou
receuë , rendent ſuſpect ; comment admettre dans les dignitez ceux qui ſelon toutes les apparences humaines, & les con-
jectures qu’on peut tirer de

leur

leur conduite, n'ont autre deſſein que de voler impunément
dans de grandes ſommes où
leurs rapines ſont moins reconnuës.

L'Empereur dit en termes *Parag.
ult. Inſtit.
de oblig.
quæ qu-
ex del.* generaux, que celuy-là n'eſt pas
exempt de crime qui ſe ſert d'un
méchant homme, & qui le met
dans un employ où ſes paſſions
peuvent paſſer juſques à des excés incroyables.

L'Etat qui a pour Miniſtre
des hommes eſclaves de leurs
paſſions, avares & ambitieux,
pour un bon office qu'il en
pourra recevoir, s'expoſe à de
grandes infidelitez, comme ſi
pour ſe fortifier contre un ennemi, il permettroit que ſes
foſſez ſe rempliſſent d'un tor-
rent ou de la mer, qui cauſe-
roient bien-toſt ſa ruine. Une
ou deux perſonnes de cette mau-

vaise reputation dans une compagnie de Justice , donnent
l'audace aux parties passionnées
de la tenter de concussion , d'en
parler avec un extréme desavantage , comme si le desordre
d'un particulier y estoit commun. Dans un Conseil d'Etat
ces ames venales fournissent
toûjours de nouveaux sujets aux
ennemis , pour former de per-
nicieuses entreprises qui tiennent l'esprit du Prince en allar-
me , & causent de grandes di-
versions fort importunes en ses
desseins. Quelle assurance d'a-
voir des méchans , & des per-
fides dans un Conseil ? S'y fier,
c'est dormir entre des scorpions
& des viperes , qui s'irritent si
par m'égarde on les touche , &
vous tuënt par leur venin.

Un homme d'une essentielle
probité , d'une vertu solide , &

à l'épreuve , n'aura peut-estre
pas tant de brillant ni d'activitez que ces beaux esprits de
Cour & de parade , mais vostre
esprit ne sera pas moins en assurance dans son cœur que dans
le vostre , ses paroles seront
toûjours conformes à ses sentimens. Il faut tout esperer & ne
rien craindre de celuy qui a la
crainte de Dieu , & l'affection
de son Prince pour regle de sa
conduite. Les occasions qui paroissent tenter sa fidelité , luy
semblent avantageuses pour la
signaler par quelque action memorable , & qui prennent les
ennemis aux pieges qu'ils a-
voient tendu. C'est donc le
plus seur de donner les Charges aux merites ; c'est à dire,
à la vertu plûtost qu'au subti-
litez de l'esprit , qui s'évapo-
rent & disparoissent comme le

mercure, si-tost qu'ils sentent
le feu dans quelque sujet important qui met leur fidelité si
souvent promise à l'épreuve.
La vertu est une qualité divine, qui la premiere a mis le
Sceptre à la main des Rois, &
qui seule leur peut donner de
bons Ministres.

CHAPITRE XI.

La venalité des Offices em-
pesche beaucoup de biens,
& produit une infinité
d'abus.

Quand le Prince va cher-
cher une éminente vertu
jointe à la science cachée dans
l'obscurité d'une famille, &
qu'il met cette personne dans

un employ qui la demande, &
qu'elle merite, il ſe rend luy-
meſme recommandable d'a-
voir les qualitez qu'il honore
dans un autre, & un grand zele
de les employer pour un bien
public. Cette juſtice qu'il rend
à ſon Etat, à luy-meſme,
& à celuy qu'il éleve, eſt
une ſource de felicitez, une
ſemence pour avoir à l'avenir une multitude de grands
hommes, qui preſque en tous
les ſiecles ont eſté rares, &
dont il nous faut aujourd'hui
chercher les exemples dans
l'antiquité, parce que nous
ne les avons pas preſens. Un
homme avancé par la ſeule
conſideration de ſes merites,
fait que les autres de ſa volée
ne regardent plus la baſſeſſe ni
la pauvreté de leur famille,
comme un obſtacle eſſentiel

aux grandes fortunes, ni un
poids qui empesche les bons courages de s'y élever. S'il ne faut
que la science & la vertu qui
dépendent de l'esprit & de la
volonté, l'entrée qu'ils y ont
déja par inclination leur fait esperer d'y reüssir quand ils y seront animez par les fruits qui
en peuvent naistre, puis qu'ils
vivent dans un siecle où les
puissances ont des yeux pour
voir les merites, & des bontez
pour en favoriser les progrés.
Un Advocat n'aura pour premiere fin que de se parfaitement acquiter de son employ,
d'écrire, de plaider avec la so-
lidité de la doctrine, & les ornemens de l'éloquence. Son
soin principal sera d'agir en tout
selon les regies de la vertu, avec
des integritez incorruptibles,
qui calment les passions des par-

ties fans les flater, qui compofent les differens , & qui abre-
gent les procés , quand il n'eft
pas poffible de les terminer. S'il
a plus d'amour pour ces gene-
reufes habitudes , & pour la reputation que pour les biens , il
ne manquera pas d'eftre confideré dans la rencontre où il
faudra remplir la place vacante
d'un Juge , fa conduite de plufieurs années fera la preuve de
fa fcience & de fon integrité. Il
fera maiftre en cette charge devant qu'en avoir les provifions,
& aura l'eftime de l'antiquité ,
quoy qu'il foit le dernier en la
Seance.

Les grandes chofes jamais ne
s'achevent fans beaucoup de
difficultez qu'il faut combattre,
& qu'il n'eft pas toûjours poffible de vaincre. Celles qui
s'oppofent à l'avancement des

Illustres , viennent quelquefois des Puissances qui font faveur à ceux dont elles esperent
un jour de la recevoir , quand
elles seront jugées par leurs
creatures. Les compagnies dont
la conduite n'est pas si sincere
qu'il n'y ait quelque chose à reformer , craignent un homme
de bien & de credit , comme un
censeur importun par sa nou-
veauté , & nuisible par le tort
qu'il peut faire à leurs interests:
mais l'éclat d'une éminente
probité, la voix du peuple, l'autorité du Prince éclaircit facilement ces petits broüillards ,
qui quelquefois n'osent pas
mesme paroistre , pour n'avoir
pas la honte d'estre aussi-tost
dissipez. Ainsi les serenitez
d'Egypte ne sont point inter-
rompuës par les pluyes ni par
les orages , sous les puissans
rayons

rayons d'un ſoleil qui conſume les vapeurs au ſortir de terre devant qu'elles s'élevent , & qu'elles ſe forment en nuës.

Ce qui s'oppoſe le plus aux progrés de la vertu , & ce qui empeſche qu'elle ne ſoit avancée pour le bien de la Juſtice , c'eſt la venalité des Offices que toutes les nations , toutes les eſpeces de gouvernemens conſiderent comme abominable , & qui eſt aujourd'hui le grand opprobre de la pluſpart des Royaumes. Car on ſuppoſe qu'un Juge qui donne ſon temps , ſes études , ſon repos aux emplois de la Juſtice , n'y conſumera pas ſes biens, & qu'il ne manquera pas de retirer en détail avec de notables intereſts ce qu'il a mis en gros au payement de ſa Charge : on luy en fait une neceſſité quand on

P

conſent à cette pratique, quand
on permet impunément toutes
les adreſſes de la chicane pour
tirer les affaires en une longueur qui conſume en frais
toute la ſomme dont il s'agit,
comme on tire toute la ſubſtance d'une matiere qu'on fait
paſſer pluſieurs fois par l'alam-
bic. L'on tiendroit un Juge
criminel de concuſſion, s'il recevoit la moindre choſe de
conſequence des parties, cependant on luy permet d'exi-
ger incomparablement plus par
la longueur des inſtances qui
les font mourir à petit feu, &
par l'achat des Offices qui rend
toute la Juſtice venale.

Deux des plus violentes &
des plus criminelles paſſions de
l'eſprit humain, l'avarice &
l'ambition, ont produit ce malheur dans la Juſtice, elles s'u-

niſſent , elles ſe donnent la
main & un ſecours reciproque
pour ſe fortifier , & ſe mieux
couvrir. Un avaricieux coupable d'uſures , de rapines , de
fauſſetez , de divers coups de
mauvaiſe foy , dont il s'eſt ſer-
vi pour s'approprier le bien
des autres , cherche l'impu-
nité , & en trouve le moyen
dans ſes richeſſes ; car elles ſont
le prix de toutes choſes , elles
le ſont non ſeulement de ſa liberté pour l'exemter de peine ;
mais pour le mettre en credit,
& en puiſſance de juger les au-
tres. Voilà donc l'avarice pro- *Hinc rapti faſces pretio. Lucan.*
tegée de l'ambition , comme
l'ambition devient plus auda-
cieuſe, & plus inſolente, quand
elle ſe voit armée des richeſſes. Cette cabale d'hommes pe-
cunieux & d'affaires , comme
l'on dit , ne ſe contente pas de

P ij

se donner l'entrée des Charges,
elle les interdit aux autres,
quand elle les met en un si haut
prix, que les plus illustres familles se trouvent bien souvent
trop pauvres pour les avoir;
ainsi des infames les possedent
& les deshonorent. On ne
craint point d'engager en ces
Offices le fonds des grandes
successions, parce qu'elles sont
hereditaires, quoy que les de-
niers qui pourroient apporter
de grands profits dans le trafic, s'ils y estoient employez,
soient en main-morte, &
steriles pour l'Etat dans la Justice.

On dit que les Rois tirent
de grands profits de la vente
des Offices, & du droit annuel;
mais je croy qu'ils ne seroient
pas moindres s'ils tomboient
dans les parties casuelles, &

qu'ils retournaffent en leur dif-
pofition par la mort des Officiers. Sans épuifer leur épargne , on pourroit plus jufte-
ment recompenfer une gene-
reufe Nobleffe par des Offices , que par des Benefices,
ainfi remettre les Gentilshommes dans les Charges qu'ils ont
autrefois tenuës avec plus de
majefté , & plus de credit fur
les peuples que ceux qui en
font tirez.

L'on reprefente encore que
la defolation feroit extrème
dans les familles ruinées par la
fuppreffion des Offices qui leur
tiennent lieu d'heritage , &
qu'elles ont achetté fi cherement. On répond que la clemence du Roy cherchera par
les bons avis de fon Confeil,
les moyens poffibles pour adoucir cette playe ; & que c'eft un

mal qu'il faut necessairement arrester par un remede efficace. Or si le bras est disloqué, le moyen de le remettre en sa place sans douleur ? le moyen de rétablir un bien public, sans que l'interest des particuliers y soit offensé ? Tous les ans il faut que les forces de la terre épuisées par les fruits qu'elle nous a donné depuis le printemps, & que ses trop grandes secheresses sous les chaleurs du soleil, soient rétablies par les humiditez, & le repos de l'hyver. Or combien cette fâcheuse saison dépoüille-t-elle d'arbres deleurs feüilles, combien gaste-t-elle de chemins, combien rend-elle de campagnes hideuses & sans beautez, combien fait-elle mourir de plantes & d'animaux, quand la surface de la terre est long-temps couverte de neige.

C'eſt le deſtin de la nature de ne guerir un mal que par un autre. Il faut que la mer ſoit agitée pour ſe purger , pour ſouffler ſes eaux dans la ſubſtance de la terre , qui s'en deſaltere, qui les filtre , & nous les rend douces ; enfin pour agiter l'air enfermé dans ſes concavitez , & en empeſcher la corruption dont les vapeurs nous feroient des peſtes. Mais combien ces tempeſtes cauſent-elles de naufrages & de déluges , neanmoins le Prophete les fait entrer dans le concert des autres parties du monde , qui loüent Dieu des biens qu'il nous fait par leur entremiſe , quoy qu'en apparence ſevere. Les Medecins ne craignent point d'affoiblir un corps , de luy oſter ſes forces , ſes beautez , ſa vigueur, par les dietes, les ſaignées

Spiritus procellarum quæ faciunt verbum ejus. Pſal. 148.

& les purgations, pour le guerir d'une longue & opiniaſtre
maladie. Il faut ruiner un vieil
baſtiment avec ce qui luy re-
ſtoit de ſes anciennes beautez,
pour élever en ſa place un nouveau, plus commode & plus magnifique. Il eſt vray , cette famille ſouffre une perte fort con-
ſiderable en la ſuppreſſion d'un
Office de grand prix ; mais elle
doit conſiderer que ce prix s'eſt
accru contre les ordres du Roy,
par la ſeule ambition de ceux
dont elle a le droit ; qu'elle ne
s'étonne donc pas , ſi la peine de
cette entrepriſe paſſe , comme
par un Arreſt du ciel , juſques
à la quatriéme generation. Ses
prédeceſſeurs ont long-temps
joüi de l'honneur & des profits
de la Charge, quand on eſtimeroit cela comme des fruits qu'on
laiſſe à la bonne foy , qui pou-

voit eſtre en cette acquiſition;
enfin les Loix ne permettent pas
que ce trafic injurieux à la Juſtice dure plus long-temps , & que
les hommes tirent toûjours a-
vantage de leurs fautes.

CHAPITRE XII.

Le Magiſtrat ne doit pré-
tendre que le bien public.

LA nature nous imprime
de fortes inclinations pour
le lieu où nous avons pris naiſſance, par la ſympathie qu'a nôtre temperament avec les qualitez du ciel , de l'air , de la terre
qui le compoſent; & par un ſecret
renouvellement des joyes que
nous y avons receuës dans le
premier âge. Cet amour languit

à la verité, il n'est pas sensible,
& paroist presque éteint dans
une continuelle joüissance,
mais il se rallume, & met toutes les autres passions en armes,
quand il s'agit de défendre les
interests de cette chere patrie,
ou de venger les injures qui luy
sont faites. C'est dans ces occasions que les Heros ont cüeil-
li les palmes qui les rendent
immortels dans tous les siecles,
& qu'ils ont merité les couronnes, les triomphes, les sta-
tuës, & les honneurs que les
peuples estimoient divins. C'est
pour cela mesme que les Hi-
stoires ont éternisé la réputa-
tion des hommes de conseil,
pour les services qu'ils ont
rendus à la Republique, &
que bien souvent les Sages ont
plus estimé les Ulysses que les
Ajaxs, les hommes d'Etat que

de guerre , & ont donné le mefme avantage à la robbe fur la
cuiraffe , qu'a l'efprit & la prudence fur la main qui en eft
conduite.

Le Magiftrat eft dans cet
employ de rendre fervice à fa
patrie , non pas feulement par
une reconnoiffance commune
avec tous les autres originaires,
pour y avoir receu la vie , l'é-
ducation , les bonnes mœurs ,
les biens mefme de fortune
fous l'autorité de fes bonnes
Loix ; fon obligation eft plus
particuliere , plus expreffe , &
comme effentielle , de fe con-
facrer aux interefts de l'Etat,
aprés les publiques proteftations qu'il en a faites , avec fer-
ment devant Dieu , les Anges,
& les hommes , de perdre plûtoft la vie que la fidelité qu'il
luy a jurée. C'eft pour cela

qu'il quitte le nom de ſa famille pour prendre celuy de ſa Charge, comme ſi l'idée de ce qui ſe doit faire de bien eſtoit devenuë ſon ame, qu'elle fût la regle de ſes deſſeins, le principe de ſes mouvemens, & de toutes ſes actions. Il en a le titre, l'habit, & j'oſe dire les gages, comme s'il s'eſtoit obligé par une eſpece de contrat à ne travailler comme à prix fait que pour ſon ſervice. C'eſt un effet de l'amour qui dans les hommages extrêmement libres ſe dit ſerviteur, pour ſignifier qu'il n'y a point d'obligation, ſoit naturelle ou civile, capable de l'attacher plus étroitement à ſon devoir, que ſon zele les comprend, les égale, les ſurmonte toutes. Le premier Preſident chez les Egyptiens témoignoit cela par ſon habit,

long depuis le col jusques à
terre , parce qu'il promet sa
protection à tous les Etats de la
Police , avec une constance inviolable depuis le commencement jusques à la fin , deux
chaînons d'or enrichis de pierreries pendans de ses deux é-
paules , se venoient joindre
pour soûtenir sur sa poitrine un
diamant de grand prix, & d'un
merveilleux éclat , qu'ils appelloient la verité ou la justice,
qui est une, toûjours égale à
elle-mesme , indépendante de
toutes les choses inferieures ,
sans division , sans parti &
sans faveur.

L'Empereur Justinien , dit *l. 10. ff. de*
que c'est le propre office de la *Iust. &c.*
Justice de rendre à chacun ce
qui luy est deû : ce mot de chacun , signifie que cela se fait
sans acception de personnes ,

sans préferer le puissant au foible, ni le riche au pauvre, & comme la balance qu'on met en la main de cette vertu, mesure les choses par un poids égal pour toutes sortes de matieres, viles ou précieuses, car une livre de laine pese autant qu'une livre d'or, & le prix de ce métail adoré des hommes, n'est aucunement considerable quand il ne s'agit que du poids.

La lumiere se répand indifferemment sur tous les objets, pour en faire naïvement voir les figures, les beautez, ou la laideur, sans flatter ce qui contente la veuë, ou couvrir ce qui la blesse. L'oreille n'a point de son, la langue de goust qui luy soit propre, afin de juger indifferemment de tous, ainsi le Magistrat doit estre dépoüillé de passions pour

bien connoiſtre celle des autres , & en porter un jugement deſintereſſé. Les qualitez des perſonnes ont les
temps & les lieux où elles ſont
conſiderées , & y reçoivent les
avantages qu'elles meritent ;
mais en la Juſtice commutative le Prince doit le prix de ce
qu'il achette , auſſi bien que
ſon ſujet. Il eſt tous les jours
en cauſe , & meſme exclus de
ſes prétentions , ſi elles ne ſe
rencontrent pas juſtes, ſans préjudice de ſa Majeſté , & ſans
bleſſer ce qu'on luy doit de reſpect ; car il veut que cette Juſtice ſoit exactement gardée ,
meſme à ſon égard, & ſe condamne luy-meſme par la bouche de ſon Officier , afin que
ſon exemple en rende la regle
commune , ſans acception de
perſonnes. Ainſi l'ancienne

Loy des Romains qui donnoit
la Couronne Cinique à celuy
qui avoit ſauvé la vie d'un citoyen, ne vouloit pas qu'elle
fût donnée plus riche, ni plus
belle pour avoir ſauvé la vie
de l'Empereur, parce qu'il n'eſt
pas plus homme, ni plus citoyen qu'un ſimple bourgeois.
La generoſité qui ſauve toute
la Republique en ſon chef, recevra ce qu'elle merite de recompenſe dans d'autres rencontres non ſujettes à la formalité
de cette Loy.

La Juſtice eſt, comme nous
avons dit, une eſpece de Sacerdoce, & comme le Preſtre
eſt l'aumoſnier des graces de
Dieu, qu'il diſtribuë ſelon les
ordres qu'il en a receus : comme
le grand Preſtre des Juifs repre-
ſentoit tout le monde avec ſon
habit de ceremonie, d'autant
                              qu'il

Plin.
lib. 16.
cap. 4.

Philo
Judæus
lib. 2. de
Monac.

qu'il devoit prier pour tous les
hommes , mesmes pour toutes
les creatures , afin que Dieu
par ses misericordes pourveût
à leurs necessitez ; ainsi le Magistrat est le dispensateur de la
Justice divine & humaine , sans
aucun motif de ces passions particulieres , mais par celuy seul
que la Loy & que la raison, qui
en est l'ame , luy prescrit. Les
Romains donnoient pour ce sujet à leurs Senateurs le nom de
Pere , parce qu'ils supposent en *Patres*
conscripti.
eux un amour égal pour tous
les citoyens , comme l'est celuy d'un bon Pere pour ses enfans ; & s'il a quelque tendresse
particuliere pour quelques-uns, *Vide*
Quintil.
c'est en faveur des plus infir- *Decla. 5,*
& 8.
mes que la necessité reduit aux
plus grandes extremitez , comme dans le malheur d'un nau-
frage on donne secours à ce-

Q

luy qu'on voit plus prest de
perir. Ainsi dans Cassiodore
le Roy Theodoric dit ; Quoy
que nos intentions soient d'ai-
der tous ceux qui ont recours
à nostre bonté, neanmoins elle
est toûjours plus promte à se-
courir les personnes que l'âge
& les infirmitez mettent dans
l'impuissance de se pouvoir défendre d'elles-mesmes, & qui
seroient en proye de l'injustice,
sans nostre particuliere protection. Tant que le Magistrat
aura ces sentimens de misericorde, ils seront conformes à
ceux de son Dieu, & de son
Prince, il agira toûjours pour
un bien commun, sans aucun
interest particulier, & par une
charité qui se répand en faveur
de tous les infirmes.

CHAPITRE XIII.

Garder les Loix & les Ordonnances communes à tous.

Toutes les bonnes Loix font des émanations de la fageffe divine, des rayons de la premiere verité dans les ames raifonnables, ainfi plus vives, plus pures, plus pénetrantes dans celles dont les autres font obligées de les recevoir. Le foleil d'où les aftres empruntent ce qu'ils ont d'éclat, eft un abyf- me impénetrable de lumiere; & le Prince qui a l'autorité de faire des Loix, ne doit eftre que verité, que raifon, que ju-

l. 4. c. de legib.

Q ij

ſtice, que clemence, qu'un miroir, & qu'une vivante expreſſion des Loix eternelles. Les
Empereurs Theodoſe & Valen-
tinien, s'avoüent franchement
ſujets aux Loix, parce qu'ils
leur ſont redevables de la vie,
du Sceptre, & de ce qu'ils ont
de puiſſance, & qu'ils ne peuvent pour peu que ce ſoit s'en
écarter ſans ſe méconnoiſtre
eux-meſmes.

Il eſt vray que les ſplendeurs
du ſoleil ſont admirables, &
ſurpaſſantes de beaucoup les
les forces de noſtre veuë ; neanmoins ſon mouvement ſuc-
ceſſif, les tâche qui terniſ-
ſent un peu l'éclat de ſa face,
nous font avoüer qu'il eſt un
corps materiel, quoy que
reveſtu de lumiere, comme en
parle le Prophete, mais le rayon
dont il ſe ſert pour nous éclai-

ter , qui en un moment remplit tous les eſpaces de l'air
qui pénetre la quantité , quoy
qu'épaiſſe & dure, des criſtaux,
& diamans , ſans s'y faire aucune ouverture , n'a point ce
ſemble de corps, & n'eſt qu'u-
ne tres-pure lumiere , preſque
tout eſprit ; ainſi l'on peut dire
du Magiſtrat que Dieu , & le
Prince envoyent au peuple pour
l'entretenir dans l'obſervation
des Loix , & qui n'eſt deſtiné
qu'à cet effet , doit eſtre plus
dégagé que le Prince meſme ,
dont les emplois ſont differens;
il n'eſt qu'une Loy vivante ,
ſans corps, parce qu'il doit eſtre
ſans intereſt particulier ; & qu'à
le bien conſiderer dans les obligations de ſa Charge , il n'eſt
qu'une idée , & qu'une raiſon
devenuë ſenſible. Il doit donc
eſtre devant , & plus que les

autres dans l'obſervation des Loix, commencer comme le premier mobile le mouvement qu'il veut imprimer aux autres, avoir comme le feu la chaleur que reſſentent les matieres qui s'en approchent. Le Capitaine marche à la teſte de ſa compagnie, parce, dit la Loy, que ſon office ne conſiſte pas ſeulement à commander, mais beaucoup plus à garder luy-meſme tres-exactement la diſcipline militaire ; s'il s'en retire il agit directement contre ſon devoir, il donne ſujet aux deſordres que ſa preſence devoit empeſcher, ſon mauvais exemple peut affoiblir l'effet de la Loy ſur les autres, non pas ſur luy-meſme, ni faire que la Juſtice ne venge cette lâcheté par une honteuſe privation de ſa Charge.

C'est pourquoy Platon fou- Plutarc. 2. & 4. de l g b. haitoit que les emplois publics ne fuſſent donnez qu'à ceux qu'on remarqueroit plus fidel- les à l'obſervation des Loix, & qui devant qu'eſtre receus au gouvernement de la Republi- que, euſſent fait paroiſtre par leurs bonnes mœurs, qu'ils en avoient une interieure bien po- licée, & parfaitement bien éta- blie ſelon les Loix eternelles. Car qu'elle autorité peut avoir à condamner & punir le vice, celuy qui l'autoriſe par ſon exemple, qui le rend non ſeu- ment impuni, mais comme triomphant en ſa perſonne, & qui portant les autres à l'imiter, de ſa faute particuliere en fait un crime public. Condamnera- t-il l'uſure, s'il la pratique luy- meſme, & s'il fait un amas de biens par cet infame trafic? Les

l. 6. c. 5.
cert. petit.

Loix n'ont-elles pas ſujet en ce
cas de le traiter avec beaucoup
de rigueur, & de punir ces ſanglantes courtoiſies, ces rapines
déguiſées qui deſolent les familles, & les conſument à petit feu, ſous prétexte de les aſſiſter. Il auroit fort mauvaiſe
grace de recevoir ou de pour-
ſuivre les accuſations contre les
amours illegitimes qui troublent les familles & les Etats,
s'il en eſt luy-meſme coupable,
ſi ſes mauvaiſes pratiques appelloient de ſes jugemens, &
s'il faiſoit voir par ſa conduite
que ces choſes ne ſont mauvaiſes qu'en ce qu'elles ne ſont
pas aſſez ſecrettes pour éviter
les plaintes des perſonnes in-
tereſſées, & les yeux de la Juſtice.

Les Loix qui doivent tenir
l'Empire dans les Etats ſont
muettes,

muettes , & ne peuvent faire
bien entendre leurs volontez,
que par la bonne vie des Juges
qu'elles ont pour Miniſtres :
ſans eux elles ſont mortes , elles
ne ſont que des idées reſiden-
tes en l'eſprit , peu capables de
regler les autres , ſi ces model-
les animez ne gaignent les affections par les yeux , & ne
marchent les premiers pour
eſtre ſuivis du peuple au chemin de la vertu. L'Etat peut
eſtre ſous les Loix écrites s'il
a de bons Magiſtrats , mais
avec toutes ſes Loix il ne luy
eſt pas poſſible de ſubſiſter ſans
Magiſtrats, quiſont les yeux,les
mains , les bouches , les interpretes d'une Loy venuë du ciel,
étrangere par conſequent , &
qui n'eſt pas entenduë du monde , que par des actions qui

touchent les sens. Ces hommes
consacrez à la Justice doivent
donc estre les premiers à garder les Loix & les Ordon-
nances qu'ils veulent estre
bien receuës. Ils ne seront pas
en cela dans le commun, estant
les premiers pour estre la regle des autres en ce devoir,
comme l'unité n'est pas entre
les nombres qu'elle commence,
& l'intelligence au rang des
globes celestes qu'elle meut.

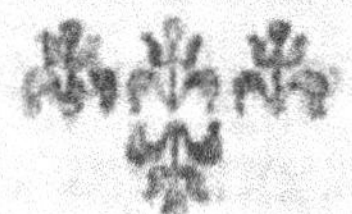

CHAPITRE XIV.

De quelques sujets qui peu-
vent tenter l'integrité des
Magistrats.

NOus avons veu que les
pointes des hautes mon-
tagnes aprés s'estre conservées
durant plusieurs siecles immo-
biles entre les tempestes & les
foudres de la moyenne region,
se sont enfin détachées de leur
masse, & ont par leurs ruines
comblé les vallons, & enseveli
les villes, où elles ne jettoient
auparavant que leurs ombres.
L'histoire nous fait un dénom-
brement des grandes Isles fort
habitées, si étenduës au milieu
des mers, qu'on les prenoit pour

le continent , enfin avoir eſté
couvertes des eaux , quand le
fonds dont elles eſtoient ſoûte-
nuës eſt tombé dans les abyſmes
de la terre , par l'un des accés
qu'elle ſouffre quand elle trem-
ble. Aprés ces fracas & ces boul-
verſemens de choſes qui ſubſi-
ſtoient depuis un temps imme-
morial , il ne ſe faut plus rien
promettre de fixe ni d'arreſté
dans un monde qui ne s'entretient que par ſes viciſſitudes ,
qui de ſes morts & de ſes cor-
ruptions, fait le ſujet de ſes
nouvelles naiſſances. Quand
donc l'Empereur Juſtinien dit
que la Juſtice eſt une conſtante
& perpetuelle volonté de rendre à chacun ce qui luy eſt deû,
Il conſidere l'idée de cette vertu , comme faiſoit Platon celles
de toutes les choſes inferieures
devant le temps dans une eter-

nité ſans accroiſſement & ſans
déchet , mais la mettre en la
diſpoſition de l'eſprit humain ,
libre , changeant , meſlé de tenebres & de lumieres , dans l'é-
clat , & puis en eclipſe , ſelon
les diverſes faces que prend la
volonté ſous les paſſions qui l'a-
gitent , & les paſſions entre les
objets qui les flattent ou qui les
offenſent, c'eſt prendre le mouvement pour le repos , & attendre la regularité de la fortune, des vents & des mers.

Suppoſez que la Juſtice ne
ſoit pas entierement banie d'entre les hommes , comme le
deſordre preſque univerſel du
monde civil le faiſoit croire à
nos anciens , jugeons favora-
blement des perſonnes qui
tiennent les Sieges & les Barreaux , & que pluſieurs ſont
conduits par des ſentimens de

raiſon, de conſcience & de pieté, au moins il faut avoüer,
que comme les pluyes & les
vents qui ne peuvent abbatre
toutes les montagnes, au moins
en détachent quelques parties;
que comme les coups de mer
rongent quelques coings plus
foibles des Iſles qu'ils ne ſçau-
roient abyſmer; qu'ainſi dans
les plus illuſtres compagnies de
Juſtice, il ſe peut trouver des
eſprits qui ne ſont pas à l'é-
preuve de tous les ſujets capables de tenter leur integrité.
Ce ne ſont point-là des feintes
faites à plaiſir pour ſe donner
beau jeu de déclamer contre les
abus; tous les jours on en voit
les occaſions veritables & frequentes, puiſque les Princes
ont fait des Loix qui ne ſont
que pour empeſcher les deſordres devenus communs.

l. 3. ff. de
leg. c. 5.

Ces Loix ordonnent qu'aucun ne soit Juge ou Assesseur dans la ville de sa naissance, sans une permission particuliere du Prince. Car il est difficile, dit le Jurisconsulte Paulus, qu'en ces lieux où l'on a grand nombre de parens & d'amis, le Juge ne soit inquieté de demandes contraires à son devoir, que l'inclination naturelle ne le porte à relâcher beaucoup des rigueurs de la Justice en leur faveur, & que le propre interest ne l'y engage insensiblement par des alliances & des veuës, quoy qu'éloignées de succession. Quand il seroit tres-innocent en cette rencontre, il sera suspect, & le mécontentement d'une partie qui n'aura pas eu gain de cause, offensera sa reputation d'un reproche, selon le jugement hu-

Vt nullus
Patria
c. 1. ... 1.
l. 3. c. de
ff. a/eff.
Paulus
lib. 5.
Sentent.
tit. 12.

R iiij

main vrai-semblable. Sur cette consideration Rome ne recevoit point pour Tribun du peuple celuy dont le Pere estoit vivant, car cet office n'estant établi que pour la protection du peuple contre les puissances, celuy qui en estoit pourveu ne devoit voir au dessus de soy aucune personne à laquelle il fust obligé de rendre ses respects, & en recevoir les commandemens. Ainsi les Grecs si passionnez pour ceux de leur nation, qu'ils estimoient tous les autres peuples barbares, établirent chez eux des Juges étrangers, afin de s'oster & les moyens, & les reproches de n'agir en la décision de leurs affaires avec tout ce qu'ils pourroient souhaiter d'integrité. Ils se lierent eux-mesmes les mains, & se mirent dans l'impuiſſance d'executer ce que des mouvemens inconſiderez , pouvoient leur perſuader contre la Juſtice. Le Juge a conſacré ſa perſonne & ſes intereſts aux pratiques de cette vertu par une publique profeſſion ſi ſainte, qu'elle a beaucoup de rapport avec le conſeil que Jeſus-Chriſt donne à ſes Apoſtres de renoncer à ſes parens , à leurs amis, à leurs intereſts ſenſibles, à leurs propres inclinations. Depuis qu'il s'eſt donné à la Republique il n'eſt plus à luy ſe promettre, s'engager à d'autres au préjudice des Loix , c'eſt un crime approchant du ſtellionat, & ſi la Juſtice eſt comme nous l'avons fait voir, une eſpece de Sacerdoce, l'offenſe qui luy eſt faite par ſes Officiers , eſt une eſpece d'apoſtaſie & de ſacrilege.

Selon cette regle les amis ne
font plus confiderables , quand
il s'agit des droits de la Juftice
comme des Autels , & fi cette
perfonne , quoy que tres-chere,
prétend quelque chofe d'un Juge contre fon devoir , dés lors
la veritable amitié qui n'eft
point fans la vertu , demeure
offenfée , & mefme rompuë par
une injufte pourfuite, fi elle demeure opiniaftre; parce qu'elle
ne procede pas d'un hom-
me de bien , & que ce paf-
fionné fuppofe , ou veut faire
le Juge méchant comme luy.
C'eft une chofe bien remarqua-
ble que Themiftocle en Grece,
& Coriolan , eftant en divers
temps mal-traitez de leur patrie , fans qu'elles euffent égard
aux grands fervices qu'elles en
avoient receus , & s en eftant
retirez chez les ennemis , pas un

seul de leurs parens ni de leurs amis ne se retira dans leur parti. L'affaire leur parut d'une tres-notable consequence d'abandonner la Republique pour les mécontentemens d'un particulier, & pour une injure que comme sujets ou enfans ils devoient souffrir, à moins de commettre autant de parricides, qu'auroit armé de mains contre ce venerable principe de tout leur bien, qui leur tient lieu de pere & de mere.

Un Juge veritablement Chrestien ne delibere point en ces rencontres, sa resolution est prise depuis long-temps, de ne jamais rien faire contre la raison & la conscience, pour quelques interests humains qu'on luy puisse representer ; Si un ami dangereusement engagé dans une affaire luy demande

fa faveur, il ne luy donnera
que fon confeil, il l'examinera
avec plus d'étude & d'atten-
tion qu'il n'en apporteroit dans
les fiennes propres, & s'il ne la
juge pas foûtenable pour foy,
il ne s'y embaraffera pas pour
un ami. S'il y voit des difficultez capables de partager les
jugemens les plus doctes, il
choifira felon l'avis de la Loy,
les moyens les moins onereux
aux parties, les plus favorables à
un accommodement qui les
fauve des mauvais coups de la
fortune, autant à craindre dans
les jugemens que dans les combats. Aprés tout s'il voit un
homme prévenu des fauffes
imaginations de fon droit, il
tranchera nettement le mot;
Qu'il n'eft pas pour agir contre
fa confcience, ni pour luy fer-
vir d'inftrument dans une af-

Semper
in obfcu-
ris, quod
minimum
eft fequi-
mur.

faire qui ne se terminera que par le repentir. Ces froideurs, ces resistances le font resou- dre à perdre son amitié, en ce cas c'est sa gloire de souffrir pour la Justice, & selon le con- seil de l'Evangile, se couper plûtost la main que s'en servir dans une action scandaleuse; c'est à dire, selon que l'expli- que saint Augustin, perdre plû- tost un ami, quoy qu'utile & honorable, que d'offenser Dieu, ni prendre parti con- tre la divine Majesté, pour une miserable creature, qui en le quittant merite bien qu'on la quitte.

D. Aug. lib. 1. de Serm. dom. in monte cap. 13.

CHHAPITRE XV.

Suite du mesme sujet.

L'Ordre du monde civil, comme celuy de la nature, demande que les estres enrichis de qualitez plus approchantes des divines, ayent quelque avantage sur les autres, comme le ciel sur les élemens, le vegetable sur le simple composé élementaire, le sensitif sur le vegetable, l'aigle sur les oiseaux, le lion sur les animaux terrestres, l'homme rainable sur toute la nature ; nous voyons cet ordre en son espece, où les plus grands esprits, les plus parfaits en vertu sont plus en estime, & ont autrefois

obtenu les dignitez, les richeſſes, les couronnes, quand elles
ſe donnoient aux merites par
élection, ceux qui n'ont pas ces
avantageuſes qualitez du ciel,
de la nature, ou de la naiſſance, peuvent en recevoir l'équivalent par la faveur d'un Prince qui les éleve dans les Charges où ils le repreſentent, &
tiennent ſa place à juger les peuples. En cet eſtat ils ſont plus
que ne porte leur origine, comme le Planete Mercure ceſſe
d'eſtre indifferend, & ſe reveſt
des qualitez vivifiantes & univerſelles du ſoleil, quand ſon
mouvement ſe rencontre aſſez
heureux pour le mettre dans
ſon cœur, comme la chaleur
épure les vapeurs tirées de la
terre, & les convertit en air,
en cet élement plus noble que
celuy de leur naiſſance.

C'est ainsi qu'il faut considerer les personnes, mesme ro-
turieres que le Roy met dans les
Charges de judicature, elles
ont une qualité Royale, de
sorte que les injures qui les of-
fensent sont mises entre les
crimes de leze-Majesté. Cela
fait que les puissans & les riches n'entreprennent pas facilement de violence un Juge dans
l'exercice de sa Charge, mais
la peine qu'ils ont de s'y soû-
mettre leur fait chercher les
inventions de corrompre son
integrité, par l'esperance des
biens, & par la crainte des
maux qu'ils luy peuvent faire,
s'ils n'en recevoient ce qu'ils
prétendent de faveur. Il est
vray que les Gentilshommes,
les Seigneurs, les Princes peuvent offenser par beaucoup de
mauvais traitemens les Juges
qui

qui ne sont pas attachez à leurs
interests, & en prendre les secrettes occasions dans les villes,
& en la campagne. Mais l'E-
criture sainte avertit le Juge
de se roidir genereusement contre ces mauvaises pratiques du
monde, qu'il doit prévoir pour
s'y préparer. N'entreprenez *Ecclis.*
point, dit l'Ecriture, d'estre *7. 6.*
Juge, si en mesme-temps vous
ne prenez une ferme resolution
de renverser les desseins & les
entreprises de l'iniquité, sans
craindre l'œil, la colere, ni les
menaces des Puissances, à qui
vous ne sçauriez ceder la moindre chose contre le droit, qu'elle ne devienne un scandale extréme à la Justice, & un reproche éternel à vostre réputa-
tion. Nous avons un exemple *Baron.*
memorable de cette constance *h. 3.*
en Papinian grand Juriscon-

S

sulte, qui estant prié par l'Empereur Antoninus Caracalla de justifier par raisons de droit l'assassinat qu'il avoit commis de son frere Geta , compagnon d'Empire , pour éteindre , disoit-il , les occasions des guerres civiles qui naistroient infailliblement entr'eux , & épargner le sang de vingt mille citoyens, par une seule mort. Cet homme legal invincible fit réponse, qu'il estoit plus facile à l'Empereur de commettre un parricide , qu'à luy de le justifier , & aima mieux perdre la vie , que de donner une resolution contre la Justice.

Les Juges n'ont pas aujourd'hui le Roy pour partie , mais pour Protecteur de leurs jugemens; & que doivent-ils craindre des moindres Puissances , ayant la Souveraine de leur costé? Si avec ce grand secours, il y faut du cœur, il semble que les Gentilshommes sont plus propres à soûtenir les grandes Charges, parce qu'ils sont plus sensibles à l'honneur, & à défendre les volontez du Roy au peril mesme de leur vie, dans les Sieges de Justice, comme dans ceux des villes, & dans les les armées.

La Justice est la colomne qui soûtient l'Etat avec une certitude inflexible si elle est exacte ; car pour peu qu'elle penche plus d'un costé que de l'autre, il faut qu'elle courbe, qu'elle se brise par son propre poids, & que la ruine soit entiere sous une si pesante charge. Ses Loix estoient anciennement écrites sur le marbre, pour signifier qu'elles n'ont point d'yeux pour la condition des

personnes, point d'oreilles pour
leurs plaintes, toûjours froides
dans l'ardeur des paſſions, &
dures dans celles qui prétendent de les amollir; enfin elles
n'épargnent pas meſmes leurs
Auteurs, & pour eſtre juſtes,
elles ne craignent point de paroiſtre ingrates ou parricides.
Ainſi l'Empereur Trajan, lors
que dans une tres-illuſtre aſ-
semblée, il élut un Connéta-
ble, en luy donnant l'épée pour
marque de ſa dignité; Prenez-
luy, dit il, cette épée, & ſi je
m'acquite bien de mon devoir
au gouvernement du peuple,
ſervez-vous-en pour ma défenſe, ſinon contre moy. Les Empereurs Chreſtiens ordonnent que
s'ils font quelques commandemens extraordinairement ſe-
veres, peu conformes aux Loix,
qu'ils en ſuſpendent l'execution,

jusques à ce que l'affaire soit
plus meurement consideréc.

Si les Empereurs, si les Rois,
rendent respect à la Justice, en
la personne mesme d'un Officier qu'ils ont mis en charge;
certes les Grands d'un Royaume ne leur feront pas violence à force ouverte , mais
par adresse , par des artifices qui les rendent insensiblement attachez à leurs interests.
Ainsi plusieurs ne trouvent pas
juste que les Conseillers des
Cours Souveraines soient du
Conseil des Princes , & des
grands Seigneurs , premierement par cette generale consideration de la Loy, qui ne permet à personne d'estre enrol-
lé en deux compagnies ; d'e-
stre pour veu en mesme temps
de deux Charges qui ne sont
pas compatibles ; car la presence

l. c. qui
misit
poss. l. c.
quemad.

qu'on doit à chacune ne ſe peut
pas multiplier ; & les attentions
de l'eſprit ſont moindres, quand
elles ſont partagées. Le Conſeiller s'eſt conſacré au ſervice
du Roy, quand il a receu de ſa
main les proviſions de ſon Office , & qu'il luy a fait le ſer-
ment de fidelité ; quel prétexte
peut-il avoir pour entrer dans
le Conſeil d'un autre Prince ?
d'eſtre à ſes gages , de ſa maiſon , & au nombre de ſes Officiers ? Un Gentilhomme , un
Bourgeois meſme ſeroit offenſé , que ſon domeſtique receût
penſion d'un autre , comme ſi
celle qu'il luy donne ne ſuffiſoit
pas pour ſon entretien ; c'eſt un
ſujet de reproche , & de ſoup-
çon ; car en ce monde on ne
donne que pour recevoir , peut-
eſtre les ſecrets d'une maiſon,
& des avis qui peuvent eſtre

extrêmement préjudiciables.
Ayant deux maiſtres, il ne ſera
pas tellement neutre qu'il n'ait
plus d'affection pour l'un que
pour l'autre, & ce partage qui
le diviſe le rend infidelle aux
deux, parce que chacun a pré-
tendu de l'avoir ſeul & tout entier à ſon ſervice. Le Roy,
comme le premier en date,
& par une préference qui
n'entre point en comparai-
ſon : le Seigneur par des conſi- *l. ff. de*
derations qui ne ſont pas inno- *ſerva*
corrup.
centes, quand il ne feroit que
le divertir du ſervice qu'il doit
au Roy & à ſon Office, avec
toutes les contentions de ſon
eſprit, quelques avis favorables à ſes deſſeins. En ce deſſein il peut eſtre conſideré comme ceux qui contre l'expreſſe
défenſe des Loix, bâtiſſent pour
leur commodité particiere

ff. 43. tit.
a. c. 1. tit.
4. c. 10. tit.
6. l. 1. c. de
aq. duct.
b. 4. c. que
as vin.

dans un lieu public, qui sur-
chargent de leurs denrées les
vaisseaux & les voitures desti-
nées au transport des choses publiques, qui empruntent les de-
niers qu'on doit tenir en reser-
ve dans l'épargne, qui détour-
nent les eaux des aqueducs
dans leurs heritages, qui prennent leurs provisions des bleds
qu'on doit porter pour la subsi-
stance de l'armée. On a grand
sujet de croire que ce Seigneur
a choisi pour son Conseiller celuy du Roy dans l'esperance
d'en titer quelques services contraires à ceux de Sa Majesté;
car ses plus importantes affaires
sont ordinairement avec les
Grands de lr Cour, & si cet
homme entre dans le Conseil
de deux, il pourra passer en leur
estime pour un espion, s'il ne
se declare entierement pour
le

le parti seditieux. Ostez cette occasion des guerres civiles, les Grands ont de grandes possessions, & un conseil pour les conserver : là ce Conseiller aura donné son avis, & ses instructions pour la poursuite d'un procés ; s'il se presente à la Cour pour estre jugé, ce mesme qui en est comme partie, l'argent & le protecteur en sera le Juge avec des interests & des attaches qui ne s'accordent pas avec l'indifference si necessaire en son effet. J'en laisse le jugement aux personnes plus intelligentes que moy dans ces affaires.

CHAPITRE XVI.

La reputation du Magistrat peut estre offensée par la mauvaise conduite de ses domestiques.

NOus avons veu que la Justice est absolument necessaire dans les Etats, pour empescher que la force ne regne entre nous comme entre les animaux, & que chacun passionné pour ses propres interests n'entreprenne de se faire droit, sans l'attendre des Loix & du Juge. Mais ce préservatif que les Sages ont trouvé pour détourner les malheurs publics, seroit inutile ; l'on tomberoit d'une fosse dans le précipice, si celuy qu'on établit pour juger les autres, estoit luy-mesme en disposition d'estre corrompu par faveur ou par argent. Ce mal de surprise seroit moins supportable que la violence, comme le crime est plus grand de tuër un homme par le poison, qu'avec l'épée ; par une perfidie, que par une inimitié découverte ; parce que ces coups cachez de mauvaise foy ostent le moyen de se défendre, & laissent dans l'esprit de l'offensé plusieurs raisons de douleur à cause de leur injustice, de leur tromperie, & des dommages qu'ils apportent. Un pauvre persecuté d'un puissant & redoutable ennemi vient au Juge comme à l'asyle commun de l'innocence, luy expose ses griefs ; & luy demande un

Plus est hominem occidere veneno quam gladio l. 1. de l. de malef. & mathem.

prompt secours, si cet homme
qui doit estre la bouche du
Roy, & de la Justice est esclave de la faveur, s'il est corrompu par argent, si ces con-
damnations ne tombent comme les mauvaises humeurs de
nostre corps, que sur les parties
les plus foibles, cette perfidie
n'est pas moindre que seroit
celle d'un tuteur qui abuseroit
des biens & des personnes de
ses mineurs, & d'un Capitaine
qui vendroit la place qu'il doit
défendre. Un Juge concussion-
naire est severement puni par les
Loix. Il est consideré de tous,
comme noirci de la derniere
infamie, abominable au ciel &
à la terre, & dans une aver-
sion si publique, qu'il est rare de
trouver un homme si abandon-
né d'honneur & de conscience,

d'un front affez refolu pour prefenter la main à ce que les parties luy viennent offrir, afin qu'il
leur donne gain de caufe.

La crainte qu'elles ont de n'y
eftre pas bien receuës fait qu'elles s'adreffent aux domefti-
ques, qui ne s'eftant mis en
fervice que pour avancer leur
fortune, en croyent l'occafion fort innocente de recevoir
ce qu'on leur donne. Le portier
eft un Cerbere qu'il faut adoucir
par quelques morceaux qu'on
luy jette afin d'avoir l'entrée de
la maifon plus libre, & fçavoir
ce qui s'y paffe, un laquais
pour peu que vous luy donniez
s'offre à vous rendre mille bons
offices à vous avertir des oc-
cafions favorables, à vous y
conduire, & vous y défendre.
Le negoce principal confifte à
traitter avec le Secretaire fous

des secrets inviolables , qu'ils n'expriment mesme entr'eux qu'à demi-mot. Il faut croire que Monsieur est ignorant de ce procedé , qu'il l'empescheroit absolument avec la derniere des rigueurs s'il en avoit connoissance. Mais un homme qui sçait gouverner l'Etat & la Justice , peut-il ignorer ce qui se passe chez luy en chose tres-importante ? Les serviteurs sont les instrumens animez du pere de famille qui leur doit donner le mouvement , en prévenir les desordres par une judicieuse élection, & les empescher par une vigilante severité; ainsi le Capitaine répond de ses soldats, un hoste de ses domestiques , un Architecte des facultez de ceux qu'il employe, s'ils ne se sont pas bien acquitez de leurs ouvrages. Le Juge n'est pas innocent de ce qu'il fait de mal par une personne interposée.

L'Empereur Constantin extrêmement jaloux de l'honneur de Dieu, voulut que sa Cour fût plus sainte que magnifique, & afin que s'il s'y commetroit quelque desordre, il n'en fût point responsable, il exposa la vie de ses courtisans à la censure de tout le peuple. Pour cet effet il fit publier cette Ordonnance ; Si quelqu'un de quelque estat & condition qu'il soit a quelque plainte à faire de ceux qui sont à mon service, qu'il s'adresse à moy sans crainte, & avec une parfaite confiance en ma parole, je l'entendray de mes oreilles ; s'il a les preuves de ce qu'il avance, je le recompenseray de ses bons avis, & les coupables porte-

l. 45. ff ad
l. aquil.
l. 1. de
exerc.
act. l. 5.
inf. ff. de
oblig. &
actio. l.
aufertur
parag. 2.
ff. de ju.
fisci.

l. 3. e.
Theod. de
accusat.

ront la peine qu'ils meritent de
m'avoir ſi long-temps trompé
par les apparences d'une bonne
vie. Si ce meſme zele regnoit
dans les perſonnes occupées en
l'adminiſtration de la Juſtice,
ils ſeroient bien-toſt inſtruites
de ce qui les offenſe en leurs
maiſons , & les parties ne ſeroient pas en peine d'en faire
leurs plaintes. Ces miſerables vi-
ctimes des Barreaux aprés tant
de vaines profuſions ſemblables
à celles des Danaïdes , aprés
tant d'impoſts , aprés avoir
acheté ſi cherement leur condamnation par leur ſervitude &
leurs biens , ils en rejettent toute la faute ſur le Rapporteur. Il
leur ſemble que ces Meſſieurs
peuvent avoir des domeſtiques
ſous des conditions ſi rigoureu-
ſes qu'ils n'exigent rien des parties , en ſorte qu'il ne ſemble

pas que leurs profits leur tiennent lieu de gages, comme les
ſoldats qui penſent avoir un tacite conſentement de vivre à
diſcretion ſur le bon homme,
quand ils ne ſont pas payez de
leurs montres.

La Loy paroiſt à pluſieurs
trop indulgente qui permet au
Proconſul, & par conſequent
aux Magiſtrats de recevoir
quelques petits preſens, & de
n'eſtre pas d'humeur ſi farou-
che, qu'ils refuſent indifferemment des menuës gratifications
qui ne ſont que des témoignages de reſpect. Si la Loy, ſi la
coûtume eſtoit generale de ne
recevoir aucune choſe, l'honneur conſiſteroit à la garder,
ſans qu'elle donnaſt ſujet ni de
mépris ni de plainte. Elle regne de cette façon en la Chine, où les Juges & les Docteurs

ont de si bons gages, que se
leur seroit une notable infamie
de recevoir aucune chose de
ceux qui les consultent. Le
Pape Eugene III. avoit cette
maxime de ne recevoir aucun
present de ceux qu'il sçavoit
estre en procés, ou qu'il pré-
voyoit y devoir tomber. Quand
ce que l'on donne seroit de peu
de valeur, c'est un témoignage
d'affection qui en demande une
pareille par avantage sur d'autres, & qui ne laisse plus au
Juge tout ce quil doit avoir
d'indifference pour les parties.
Les petits presens de fruits, de
raretez, de galanteries gagnent
insensiblement le cœur de celuy qui les reçoit, & leur seule
veuë est une éloquente requeste
qui demande grace.

Saint Loüis nostre Roy à son
retour du Levant estant proche

En sa
Vie.

Duplex
l'an
1254.

de Cluny receut les congratula-
tions de l'Abbé, qui avec ses
respects & ses vœux luy pre-
senta deux beaux chevaux, &
ensuite le supplia de luy donner audience sur quelques
points qu'il avoit à luy proposer. Il la luy donna & longue
& paisible autant qu'il la sou-
haitoit. S'estant retiré un Seigneur s'approchant du Roy,
luy dît : Sire, cet Abbé vous
a fait present de deux beaux
chevaux, mais aussi vostre Majesté luy a fait beaucoup de grace de luy donner une si longue
audience. Il est vray, répon-
dit le Roy, & je m'y sentis
comme obligé. De là, dît ce
Seigneur, Je supplie tres-humblement vostre Majesté de considerer que si ce present qui est
peu de chose à son égard, a
fait neanmoins d'assez fortes

impreſſions ſur ſon eſprit pour
en obtenir une grace , qu'il
luy plaiſe ordonner qu'à l'avenir les Juges ne reçoivent aucuns preſens, afin qu'ils n'ayent
aucune affection particuliere
pour les parties , & que le ſeul
motif de leurs Sentences ou de
leurs Arreſts, ſoit la juſtice de
la' cauſe. Ce qui fut fait , dit
l'hiſtoire.

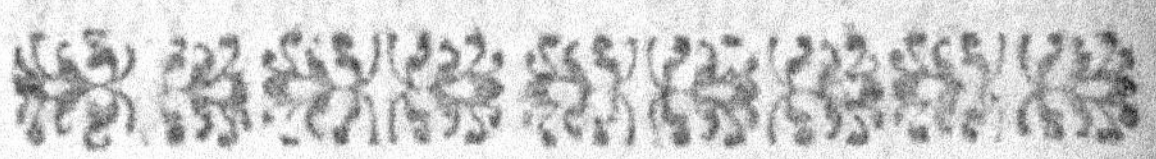

CHAPITRE XVII.

La Majeſté que le Magi-
ſtrat ſe doit conſerver,
& qui le peut rendre ve-
nerable.

QUand Dieu crea l'homme,
& qu'il luy donna l'em-
pire ſur tous les animaux de l'air,

de l'eau & de la terre , il mit
fur fa face un rayon de majefté
qui les étonne encore aujour-
d'hui , & qui leur fait prendre
la fuite devant un maiftre ab-
folu fur leurs libertez & fur
leurs vies ; leurs yeux toûjours
baiffez contre terre ne peuvent
fouffrir que peu de temps la
veuë du ciel, & de noftre face
qui en porte la reffemblance.
La bonté divine fait quelque
chofe de femblable pour faciliter le gouvernement du monde civil , lors que de la perfonne du Prince ou du Magiftrat
il fait rejalir un certain éclat
qu'on ne fçauroit expliquer,
qui furprend le fentiment des
plus refolus, qui a fouvent def-
armé les mauvais courages, qui
tient le peuple dans ce qu'il leur
doit de refpect & de veneration. Le Prince ne manque pas

de seconder ce favorable effet
de la providence , par tout ce
qui peut donner plus de luftre à
fa perfonne & à fa dignité , par
la pompe des habits, des gardes,
des bâtimens , des feftins , par
la fuite d'une floriffante nobleffe , & par tout l'éclat appa-
rent , qui foit un prejugé de fes
excellences , ainfi le Magiftrat
doit entretenir autant qu'il peut
l'éclat de fa dignité qu'il reçoit
de Dieu & de fon Prince , &
l'accroiftre par l'eftime où il
peut mettre fa perfonne dans
l'efprit du peuple, par l'honne-
fteté de fes habits , de fa conduite , de fa converfation , mefme de fes divertiffemens.

Je laiffe les habits de ceremonie , je ne dis rien de la
pourpre qu'ils tiennent du Roy,
& qui marque l'ardeur qu'ils
ont à fon fervice jufques à l'ef-

fusion de leur sang ; l'extrême
blancheur qui s'y trouve jointe
signifie l'integrité qui leur est
propre, secrette, intime, comme l'est l'hermine à l'étoffe
qu'elle borde & qu'elle remplit.
L'habit ordinaire a du rapport avec celuy du Sacerdoce ;
il est noir parce que cette vie
doit estre dans une perpetuelle
recollection, comme un hyver
privé des délices, dont d'autres
Etats se donnent une pleine liberté ; elle est comme en é-
clypse devant son soleil pour
luy laisser toute la gloire de
l'heureuse administration de la
Justice selon ses ordres. L'habit long porte avec soy sa majesté, en ce qu'il ne laisse à
découvert que le teste qui est
le siege du jugement, les bras
& les mains pour le geste qui
anime la parole, & qui bien

ſouvent commande ſans l'employer ; Il fait une neceſſité du marcher grave & modeſte, qui eſt la preuve d'un jugement bien raſſis, & d'une conduite reguliere comme celle du premier mobile. Cet habit long fut propre au peuple Romain, qui n'oſoit paroiſtre en public autrement couvert, ſans encourir la cenſure & l'amende des Ediles ; juſques-là qu'il eſtoit obligé de le porter meſme dans les Provinces, à moins de renoncer à la Nobleſſe de leur patrie. Quant aux Senateurs ce leur eſtoit une honte de paroiſtre ſous un autre habit que celuy dont ils eſtoient en poſſeſſion par la bienſeance & le long uſage de leurs anciens. Auſſi j'eſtime beaucoup la coûtume de Meſſieurs du Parlement de Rennes, qui portent

toûjours

toûjours leurs robes de Palais, mefmes dans les ruës & les compagnies, ils fe confiderent confacrez à la Juftice qui eft une fainte profeffion, & fe perfuadent n'eftre pas moins tenus de porter toûjours leur habit, qu'un Religieux celuy de fon Ordre, qu'un Chevalier de Malthe fa croix blanche fur fon manteau, felon fes Conftitutions ; un foldat fon épée & la livrée de fon Capitaine, afin que qui le voit le prenne pour ce qu'il eft. Cet habit eft un Cenfeur qui avertit continuellement l'homme qu'il eft au public, obligé par tous les motifs de la confcience & de l'honneur de ne rien faire qui offenfe la dignité de fa charge, d'eftre tel qu'il paroift aux yeux du monde, éloigné des mauvaifes libertez où portent les

V

sens & l'opinion , retenu en ce
devoir & enveloppé par autant
d'attaches , que sa robe à de
largeur & de plis. Cette robe
du Magistrat a le mesme effet
sur les personnes du monde
qu'avoit anciennement le manteau du Philosophe au rapport
de Tertullien. Elle touche de
quelque bon sentiment tous
ceux qui la voyent , elle parle
comme la nature en se mon-
trant , pour persuader la mo-
destie, pour confondre l'insolen-
ce , & tenir la temerité mesf-
me dans le respect de la Justice.

Le ciel par la regularité de
son mouvement fut, dit un Philosophe , le premier sujet qui
porta l'esprit humain à concevoir un premier estre intelligent , toûjours le mesme , &
qui seul pouvoit mettre cette

conſtance en la matiere. Ainſi
je ne vois point de marque plus
aſſurée de la ſageſſe en un
homme, & qui luy donne plus
de majeſté qu'une conduite reguliere, toûjours égale de ſes
études, de ſes emplois, de ſes
converſations, où la vie s'é-
coule comme les eaux tranquilles d'un fleuve ſur un fonds
égal, ſans aucuns rochers qui l'é-
levent en flots, qui l'agitent, le
troublent, le ſaliſſent de ſon
écume. L'égalité ne ſe trouve
qu'en l'angle droit, tous les autres s'en approchent ou s'en é-
cartent avec d'extrêmes diſpro-
portions ; elle ne ſe trouve
auſſi qu'en la vertu qui eſt toûjours dans la mediocrité, qu'en
la ſageſſe qui va droit ſans aucun relâche à une fin legitime
qu'elle s'eſt une fois propoſée.
Le Magiſtrat aura ſerieuſement

déliberé ſur ce qu'il eſt obligé
de faire pour s'acquiter avec
honneur de ſa Charge. Il s'en
preſcrira les Loix, & ſera fidelle
à les garder , comme ſi elles
luy eſtoient données de Dieu.
Il aura le temps de ſa priere, de
ſes études , de ſes retraites , où
il ne ſera point viſible que dans
d'extrêmes neceſſitez. Au reſte
du temps il ne ſera pas d'un accés trop difficile, & neanmoins
une converſation aſſez retenuë
pour ne pas tomber dans une
grande familiarité ſujette à paſſer dans le mépris. Car depuis
que les amis ſe traittent d'égal,
ils ne rendent plus ce qu'ils doivent de reſpect à la Charge, ils
la confondent avec la perſonne , ils la font entrer en com-
munauté , & prétendent de la
perſonne ce qu'en conſequence
de la Charge elle eſt obligée

l. obſer-
vandum
19. ff. de
off. præſ.

de refuſer. De là les refroidiſſe-
mens, les reproches, les craintes
que quelques paroles dites autrefois avec trop de confiance
ne ſoient mal interpretées & recüeillies à contre temps ; enfin
ces familiaritez ſont changean-
tes & perilleuſes, parce que les
conditions y ſont toûjours iné-
gales, l'une particuliere, & l'
autre publique.

Que ſi dans la converſation, ^{D. I. 13.}
ou dans l'audience qu'il donne
aux parties, il entend quelques
actions qu'il juge en luy-meſme tres-mauvaiſes, qu'il ſoit
toûjours ſi reſervé, qu'un mor-
ne ſilence l'empeſche d'en témoigner tous ſes ſentimens,
ſans exclamations ou tendreſ-
ſes qui le montrent tout perſuadé d'un fait dont il n'eſt
pas encore bien éclairci. Cette
précipitation d'eſprit qui juge

devant que connoistre, qui entre si facilement dans la passion
des autres, ne s'accorde pas avec
la retenuë ni la majesté d'un
Magistrat, dont le visage doit
estre si fidelle au cœur, qu'il
n'en découvre point les sentimens. Enfin la prudence doit
temperer sa conduite avec tant
de moderation, qu'il fasse beaucoup plus d'honneur à sa Charge qu'il n'en reçoit.

Les sorties de sa maison hors
les necessaires pour son office,
seront rares, il recevra plûtost
qu'il ne fera des visites; car les
centres ne vont pas trouver les
corps, mais ils demeurent im-
mobiles dans leur propre lieu
pour les y recevoir quand l'inclination & le mouvement les y
portent. Le Magistrat donne les
matinées à l'expedition des affaires, & la Loy estime fort

méseant de le voir l'apresdisnée
en public, c'est luy rendre la
retraite dans sa maison presque
continuelle. Il ira donc le moins
qu'il sera possible aux banquets
pour ne point autoriser par sa
presence beaucoup de desordres
qui s'y commettent, & dont
estant le témoin, il n'auroit pas
droit d'en estre le Juge. Là les
passions échappent aux plus re-
tenus, & là plusieurs de semblables humeurs font un grand
effort sur la reputation d'un
homme, ils pénetrent dans les
conseils de l'Etat, ils publient
ce qu'il faut cacher, ils allu-
ment des feux qu'ils seroient
obligez d'éteindre, ils forment
des doutes qui laissent de fâcheuses impressions. Certes il
est meilleur pour un Magistrat
de n'y estre point present, afin
de n'estre point obligé d'en fai-

re des reprimandes inutiles à
des esprits emportez, & de donner le remede dans la chaleur
d'un accés où il ne peut qu'ac-
croiſtre le mal. Pour ce ſujet
ſaint Ambroiſe prit une coûtume inviolable de manger toûjours ſeul, & ne ſe trouver jamais en aucuns feſtins, où les
libertez que l'on y prend pourroient offenſer la majeſté Sacerdotale. Le peril eſt bien plus
grand pour un Magiſtrat de ſe
trouver aux Comedies où les
vices paſſent pour des vertus,
où des amours illegitimes, les
ambitions, les combats, les
guerres, les tyrannies ſont au-
toriſées par de celebres exemples, & menées comme en
triomphe parmi l'applaudiſſe-
ment des peuples. La Juſtice
meſme y eſt ſouvent renduë ri-
dicule, les Puiſſances y ſont
offenſées

offensées sous des personnages
où elles sont reconnuës ; enfin
où tout ce que les Loix divines
& humaines défendent est ap-
prouvé? Hé que feroit un Juge
dans ce nouveau monde d'ini-
quitez , que s'exposer d'estre
jugé par ceux qu'il condamne ,
que d'entendre de ses oreilles ,
& voir de ses yeux des bouffons
qui renversent impunément,
ce que l'Eglise , ce que la morale & la police tâchent d'établir.

CHAPITRE XVIII.

Les Magistrats doivent eux-
mesmes examiner les
procés.

Toutes les avantageuses
qualitez qu'on peut sou-

haiter en un Magiſtrat pour
s'acquiter parfaitement de ſa
Charge, & acquerir la reputation d'un bon Juge, peuvent ſe
rapporter à ces deux principales, à la ſcience & à la probité.
La ſcience dont nous avons
parlé luy donne le diſcernement
du vray d'avec le faux, elle luy
montre la rectitude, luy met
en main la regle de la Juſtice,
qui luy fait connoiſtre de combien les actions de la vie civile,
& les demandes des parties s'en
éloignent. La ſcience eſt un
fruit de garde qu'on receüille
aprés le travail de pluſieurs années, & dont la maturité ſe
peut toûjours perfectionner,
ſans que jamais elle ſe paſſe.
Cela paroiſt en la Juriſpruden-
ce dont l'eſtenduë eſt comme
infinie, parce qu'elle comprend
les choſes divines & humaines,

qu'elle promet de donner ses resolutions sur tous les cas singuliers , ainsi que sans nombre , qui luy seront proposez, & en tirer les témoignages des Loix, des Coûtumes, du droit commun de tous les siecles & de toute la nature. La probité n'a pas un sujet si vaste , mais les habitudes n'en sont pas moins rares , ni moins glorieuses dans un monde où les grands & les petits cherchent leurs interests sensibles par toutes sortes de voyes , quoy que contraires à la Justice & à la raison.

Ces deux précieuses qualitez de la science & de la probité, sont tellement attachées à la personne qui les possede, elles luy sont si propres & incommunicables , qu'un pere ne peut pas les transporter à son fils,

un ami à son ami, quoy que
le Philosophe suppose qu'ils
n'ont qu'une ame & qu'un cœur
en deux corps, Tellement que
comme on ne peut pas boire,
manger, dormir, ni faire les
autres actions vegetantes ou
sensitives pour un autre; ainsi
quand on commet un office à
une personne en consideration
de son merite particulier, il ne
luy est pas permis de s'en acquiter par un substitut.

Le Notaire doit recevoir luy-
mesme les actes & les contrats
des parties. Celuy qui avoit
charge de distribuer le pain aux
soldats, devoit s'en acquiter
par ses propres mains, parce
qu'on a fait choix pour cela de
sa probité, & qu'une autre personne y pourroit estre suspecte,
cette regle generale se peut verifier dans le Droit civil & ca-

non par beaucoup d'autoritez
qui je paſſe. La pratique en eſt
dans toutes les Cours Souveraines où le Conſeiller ne met-
tra pas en ſa place pour tenir le
Siege un autre , quoy que d'u-
ne éminente capacité ; neanmoins les parties ſe plaignent
aujourd'hui , peut-eſtre eſt-ce à
tort , d'une pratique fort contraire à leurs intereſts & à l'honneur de la Juſtice , en ce que les
Secretaires comme on les appelle aujourd'hui des Conſeillers,
voyent les procés en examinent
les pieces , en font les extraits,
ſur qui Monſieur le Rapporteur
fait ſon rapport , & la Chambre donne ſon Arreſt. Il voit
donc par les yeux , & juge par
le jugement d'un autre , des affaires qui demandent ſes propres attentions. Je ſuppoſe que
la fidelité de ce domeſtique ne

puisse estre corrompuë ni par
faveur, ni par argent, pour oster
d'un sac une piece d'importance,
& décisive du fait ; mais il peut,
quoy qu'innocemment, ne la
rapporter pas avec tout ce qu'elle merite de consideration, parce qu'il ne la connoist pas bien,
& que cela demande une capacité non seulement de pratique
comme la sienne, mais de Droit,
dont il n'a pas la moindre teinture. Une partie s'est consu-
mée de soins, ensuite a fait de
grands frais pour mettre dans
ses écritures tout ce qu'elle pensé
pouvoir servir à la défense de
sa cause, & à gagner l'esprit de
son Rapporteur, neanmoins le
Secretaire qui ne comprend
point ces choses, les passe en son
extrait comme inutiles, il ne
forme point de doute sur ces
points de Droit dont il n'a pas

l'intelligence , quoy qu'ils puſ-
ſent donner un grand jour à la
déciſion de l'affaire , ſi Monſieur le Rapporteur en euſt fait
luy-meſme la lecture , comme
la font les plus zelez & les plus
équitables.

Galien renouvella par ſon
exemple la pratique des premiers Medecins qui faiſoient
eux-meſmes les compoſitions
pour ne point offenſer l'honneur de l'art & de leur perſonne par l'ignorance , l'avarice,
ou la mauvaiſe foy des Apoti-
caires ſujets à tuer les hommes,
Quand au lieu des bons remedes qu'on leur preſcrit , ils n'en
donnent que les cadavres & les
pourritures. Le peril n'eſt-il pas
ſemblable pour une pauvre partie, ſi ayant mis ſes biens & ſon
honneur entre vos mains , vous
les expoſez au jugement d'une

perſonne incapable de reconnoiſtre ſon droit ; & ſi vous appuyez voſtre jugement ſur ſon
rappott.

*Du Lau-
rent
anatom.
liv. 7.
q. 3.*

Il eſt vray que toutes les co-
ctions de la nature paſſent par
quelques vaiſſeaux de ſervice,
& s'y préparent devant que venir en la plus noble partie où
elles reçoivent leur derniere
perfection. L'eſprit envoyé du
cœur ſe filtre, ſe ſubtiliſe dans
le rets que nous appellons
admirable devant qu'eſtre l'eſprit animal, qui ſe répandent
dans la ſubſtance du cerveau,
le ſang commence à blanchir
paſſant par le veines qui les
portent dans les mamelles d'une
femme où les glandules le
transforment en ce blanc, doux
& merveilleux elixir, le remede & la nourriture de l'enfant.
Les Mezeraïques donnent une

legere teinture au chile, qu’elles ſuccent des inteſtins, & qui
devient ſang dans la ſubſtance
du foye. Les eſpeces des objets
paſſent en l’œil par l’humeur a-
queuſe devant que venir à la cri-
ſtaline où ſe fait proprement la
viſion. La ſeve d’un arbre coule
& ſe prépare groſſierement dans
le tronc ſauvage devant que ſe
perfectionner dans la branche
qu’on y a greffée. Ainſi quand
la multitude des affaires obli-
geroit un Magiſtrat de les é-
baucher par le travail d’un Secretaire, il doit toûjours y avoir
l’œil, pour verifier ſi le rapport
qui luy en eſt fait eſt veritable.
Si rien n’y eſt omis, rien d’a-
joûté, s’il eſt ſans fard, ſans dé-
guiſement, s’il peut éclaircir l’eſprit ſur toutes les craintes & ſur
tous les doutes que la baſſe
condition d’un Clerc peut cau-

ser dans un esprit plein de zele
pour la Justice.

Ce double travail d'estre Censeur devant que d'estre Juge, &
toûjours dans quelque soupçon,
me fait croire qu'un Juge auroit
moins de peine, plus de certitude & plus de satisfaction en
ses jugemens, d'examiner luy-
mesme toutes les pieces d'un
procés, sans rien emprunter de
son Secretaire, selon les maximes generales que nous avons
posées. Il est vray que la nature ne met les formes dans la
matiere, qu'ensuite de ce qu'elle
s'y trouve bien disposée par de
longs préparatifs. Mais considerez que le travail du Secretaire est étranger du Juge, & n'im-
forme pas parfaitement son esprit des veritez qu'il doit connoistre, ses serieuses études du
Droit, ses longues pratiques du

Palais , les exactes & ſerieuſes attentions qu'il aura données à voir un procés , ſeront les bel-les & propres diſpoſitions qu'il aura pour en bien juger. Un ex-cellent Peintre fait luy-meſme le crayon , & tire les premiers traits du tableau où il veut vain-cre la nature,& la fixer au point où elle luy eſt le plus agrea-ble. L'Architecte juge du fonds où il doit jetter les fondemens de ſon édifice. Le Sculpteur trace ſon deſſein , & donne les premiers coups de ciſeau ſur le marbre où il veut trouver le portrait du Roy,une autre main que la ſienne feroit des traits qui ne s'accorderoient pas avec ſes idées : Tous les commencemens paroiſſent petits , quoy qu'ils ſoient d'une extrême conſe-quence pour la fin qu'on ſe pro-poſe. Ainſi je penſe qu'un Juge auroit moins de travail, plus de netteté, plus de certitude, plus de satisfaction de s'inftruire luy mefme d'un procés depuis la premiere piece, que d'en recevoir les extraits d'un autre. Car le travail eft double d'eftre Cenfeur, devant qu'eftre Juge, & la connoiffance eft moins parfaite, qui eft meflée de crainte & de doute.

Nous voyons par experience que deux ou trois qui liront un mefme livre y feront des remarques toutes diverfes, & que celles du plus docte feront plus conformes aux intentions de l'Auteur. Peut-on croire qu'un Praticien foit auffi capable de remarquer les circonftances d'un fait, former & refoudre les queftions qui s'en peuvent faire, & donner autant d'éclairciffement à une caufe, qu'elle en peut re-

cevoir d'un ſçavant Juriſconſulte ? Pluſieurs artiſans font
profeſſion d'un meſme meſtier,
tous en ſçavent les grandes regles , mais ils s'en acquitent
avec des adreſſes fort differen-
tes, & tres-inégales, dit la Loy. *l. 31. ff. de*
C'eſt pourquoy ſi un excellent *ſoluto.*
homme en un art s'eſt obligé
d'en faire un ouvrage , il doit
eſtre fait de ſes propres mains,
autrement il ne s'acquitera pas
de ſa promeſſe , & ne pourra pas
auſſi prétendre le prix dont il
ſera convenu. Le Conſeiller eſt
creé du Roy , nommé de ſa
Chambre , ſollicité par les parties pour faire un équitable &
judicieux rapport de cette cauſe.
Il n'y doit donc pas ſuivre les
idées ni les ſentimens d'un autre , mais agir de luy-meſme
ſans épargner ſon travail ni ſes
lumieres , pour en recüeillir la

gloire & le profit. Il ſeroit é-
trange qu'un Juge capable s'a-
baiſſaſt juſques à partager l'honneur d'une grande cauſe avec
ſon domeſtique qui dans l'occaſion ne manquera pas d'en
dire ſes ſentimens , & ſi le ſuccés eſt favorable , de ſe donner
une partie de la gloire. Quand il
garderoit le ſilence & la fidelité,
avec toutes les circonſpections
poſſibles , une illuſtre & ſçavan-
te compagnie remarque bien-
toſt ſi ce que dit le Rapporteur
eſt de ſon creu , s'il a veu ce
qu'il avance , s'il eſt ferme ſur
les points de fait , s'il s'arreſte
à ceux qui ſont déciſifs de la
cauſe , ſi de la ſurface il pénetre juſqu'au fonds de la queſtion.

La cauſe eſtant examinée,
l'Arreſt rendu , il eſt tres-important qu'il ſoit dicté par les

Juges meſmes , ſans s'en fier à tous autres , parce qu'une parole qui ne ſera pas bien conceuë peut cauſer de nouveaux procés. Comme les humeurs qui reſtent aprés une trop foible purgation , produiſent des incommoditez & des rechutes plus dangereuſes que la premiere maladie.

Metellus rétablit la diſcipline militaire entre les Romains, en oſtant à tous les ſoldats les valets que chacun avoit pour ſon ſervice, & les obligeant de porter eux-meſmes leurs armes & les hardes. Il délivra l'armée de cent bouches inutiles , & de ces mains dreſſées ſeulement aux rapines & aux deſordres. Je me figure que la Juſtice ſeroit incomparablement mieux adminiſtrée , ſi les Juges prenoient la reſolution de travailler eux-

Vlear. Maxim. lib. 2. c. 2.

meſmes à voir les procés , ſans
ſe fier à un extrait qui peut eſtre
faux , mais toûjours inſuffiſant
à l'égard de leurs perſonnes.
Car c'eſt une choſe ſalle & honteuſe dont Lucien ſe mocque
avec raiſon , que la bouche ne
gouſte pas la premiere & plus
agreable ſaveur des viandes , &
qu'elle ne prenne pour nourriture que celle qu'une autre aura
mâché. Le cerveau n'a point de
nerfs , ni de muſcles , parce qu'il
eſt le principe du mouvement
volontaire , qu'il produit de luy-
meſme ſans organes , & n'a beſoin que du crane , qui par ſa
dureté le défende des injures exterieures. Les Magiſtrats ſont
les Loix vivantes , les Preſtres,
les bouches de la Juſtice , qui
doivent d'eux-meſmes en reconnoiſtre ou reſoudre les difficultez , en prenoncer les oracles,

cles , ſans recourir aux em-
prunts qui leur en donnent les
extraits.

CHAPITRE XIX.

Des Sollicitations.

LE Juge peut eſtre inſtruit
du fait d'une cauſe par les
productions des parties, & par
les circonſtances dont elles demeurent d'accord ſans contredit. Quant aux queſtions qui
reſultent de ces faits, elles ſe
rapportent à quelques points
dont on ſe peut éclaircir par l'é-
tude, les conferences, & la raiſon qui eſt l'ame de la Loy. Ces
lumieres ſont toûjours preſentes à un eſprit élevé dans la
ſcience du Droit, & dans les pra-

tiques du Palais , de ſorte qu'il en pourroit répondre , & s'il eſtoit en office , juger une cauſe en auſſi peu de temps qu'il en faut pour une conſultation. Neanmoins l'experience a fait connoiſtre que l'ordre & les intervalles des procedures eſtoient neceſſaires pour la parfaite inſtruction de pluſieurs cauſes , & que les jugemens ſommaires & précipitez , portent ordinairement avec eux les cauſes de leur nullité.

l. 71. ff. de rig. jur. l. 8. parag. gratur ff. d. accuſat.

Or dans cette ſuſpenſion de jugement , l'ardeur des parties eſt dans une activité perpetuelle qui paroiſt ſur tout en la ſollicitation des Juges , particulierement du Rapporteur. Chacun, ſoit le demandeur ou le défendeur , l'appellant ou l'intimé, ſe confirme par le conſeil de ſes amis dans une bonne opinion

de ſa cauſe, aprés en avoir fait
long-temps le continuel entretien de ſes penſées, aprés s'en
eſtre facilité l'expreſſion par le
recit qu'il en a fait une infinité
de fois, il ſe perſuade que ſes
raiſons eſtant prononcées de ſa
bouche, gagneront beaucoup
ſur l'eſprit du Juge. Il fait ſon
fort de quelques circonſtances
particulieres qui luy ſemblent
n'eſtre jamais aſſez bien dites
par un Procureur, ou par un
Advocat, & croit qu'elles per-
ſuaderoient beaucoup mieux,
eſtant expoſées par la bouche,
par l'organe d'un eſprit qui en
eſt tout perſuadé. Le Juge qui
a fait une ſerieuſe étude du
procés, ne demanderoit enſuite
que du repos, cette foule de parties qui l'interrompent, n'eſt
point un ſpectacle de ſon pouvoir, ni des reſpects qu'on luy

rend, d'où il tire quelque satisfaction. C'est un succroist de
bonté qui l'expose à donner ces
audiences particulieres en des
heures qui luy sont cheres, par
un devoir de justice égale pour
tous, & pour contenter le desir
d'une partie; aprés qu'elle a dé-
chargé son cœur de ce qu'elle
avoit conceu depuis long-temps;
elle sort de cet entretien avec
joye, avec esperance, au moins
avec la consolation qu'on a dans
de fâcheuses maladies, d'y avoir
apporté ce qui se pouvoit de remedes. Le Juge ne laisse pas par
les demandes qu'il fait, par les
réponses qu'il en reçoit de s'é-
claircir de plusieurs choses dou-
teuses en la cause, & faire passer
une espece d'interrogatoire pour
une faveur.

N: fiscus
vel Resp.
c. 2. tit. Quand les Loix défendent
aux Republiques, aux Societez,

aux Puiſſances , de prendre le
fait & cauſe des perſonnes particulieres , de les aſſiſter de leur
faveur & de leur protection ,
c'eſt pour entretenir l'égalité
que la nature a mis , & que la
Juſtice veut conſerver entre les
parties. Le demandeur n'auroit
pas mis en Juſtice une commu-
nauté ou un Prince comme un
Bourgeois, & neanmoins contre
ſon deſſein on luy met en teſte
ces fortes parties capables de
faire pancher la balance du coſté
qu'elle ne doit pas. Que ſi aprés
toutes ces défenſes un homme
de grand credit ne laiſſe pas de
ſolliciter, & recommander l'affaire de ſon domeſtique , ou
d'un autre qu'il affectionne ; il
ne croit pas qu'une priere qu'il
fait peut-eſtre ſans intereſt , ſans
inclination ſeulement pour ſe li-
berer des importunitez de la

partie , doive produire aucun
mauvais effet contraire aux in-
tions de la Loy. Car il suppose
que le Juge est assez instruit
des ceremonies du monde , &
que ces prieres apparentes peuvent estre receuës par de semblables promesses de faire tout
ce qui sera possible ; c'est à
dire selon la Justice & le devoir d'un homme de bien , parce que les Loix considerent les
actions offensantes les bonnes
mœurs , comme non possibles.
Le ciel n'empesche pas que les
méchans ne luy presentent
leurs vœux , il suffit qu'il soit
sourd à leurs prieres , qu'ils se
lassent , qu'ils se consument ,
qu'ils demeurent enfin confus ,
sans en voir aucun favorable
effet. On ne s'offense pas d'u-
ne demande qui peut-estre est
faite sans connoissance de cause,

l. 15. ff.
de cond.
instit.

par un motif de misericorde, on peut la refuser avec Justice par des raisons qui sans doute l'eussent arrestée, si elles eussent esté connuës.

Les sollicitations sont plus à craindre qui se font par un Juge interessé, auprés des autres ses Collegues, car il semble qu'il demande cette faveur, sous une tacite convention de faire la mesme grace qu'il reçoit dans une pareille rencontre. Une brigue si dangereuse qui meriteroit d'autres noms, seroit cause que les bassins de la balance n'auroient pas entr'eux l'égalité qui doit mesurer les autres sujets, que la Justice ne seroit pas juste pour elle-mesme ; qu'une prévarication particuliere deviendroit commune à toute une illustre Compagnie.

Les femmes que la Loy ex- ^{l. 2. ff. de reg. jur.}

clud des emplois publics , s'y
gliſſent neanmoins avec d'autant plus de paſſion qu'elles y ont moins de droit ,
& s'efforcent par leurs adreſſes de gagner l'eſprit des puiſſances , & elles commandent
dans les grands ſujets où on
ne les juge pas ſeulement capables de ſervir. Les ennemis
de noſtre Religion , & de noſtre
état nous font reproche, qu'aujourd'hui les brigues de ce ſexe
le plus infirme & le plus ambitieux, joüit en France d'une liberté qu'il n'a pas chez les autres peuples ; qu'il met les Pre-
dicateurs dans les chaires , les
Officiers dans les Charges, qu'il
donne la reputation aux armes,
aux langues , & aux plumes ,
qu'il ſe rend arbitre de ce qu'il
ignore le plus ; qu'il s'entre-
meſle par tout , & y fait des
choſes

choſes ſurprenantes , quoy que
d'ordinaire tres-injuſtes. Ils diſent que c'eſt la honte des Juges
de recevoir les ſollicitations , &
les ſentimens d'un genie ſi fatal
au monde , qu'en une affaire
toute de raiſon & de juſtice , ils
ſouffrent celles qui ſont ſeulement capables de la corrompre,
& qu'elles paroiſſent ſupplian-
tes pour les autres , ſous un habit magnifique comme aſſurées
de la victoire , quoy qu'il n'y
ait point de poſtures , d'habits,
ni figures aſſez humbles , aſſez
penitentes, dit Tertullien, pour *Tertul.*
la ſatisfaction publique des mal- *lib. de*
heurs qu'elles ont cauſé dans la *mulier.*
nature , & qu'elles cauſent tous
les jours dans les Etats, & dans
les familles. Un genereux rebut
de ces honteuſes & importunes
ſollicitations , ſelon la Loy, *l. 1. ſ. de*
feroit des biens infinis dans les *poſt.*

Z

affaires Eccleſiaſtiques & temporelles, s'il eſtoit autoriſé d'u-
ne nouvelle Ordonnance, & que
le plus ſages par leur exemple
en montraſſent la neceſſité.

CHAPITRE XX.

De l'équité.

L E Juriſconſulte definit la
Loy un precepte general
concerté par la longue & meure
déliberation des plus ſages, é-
tabli & promis par le conſentement de la Republique, pour
empeſcher le mal qui ſe peut
commettre à deſſein, ou par
ignorance. C'eſt un effet qui
repreſente les qualitez de ſes
cauſes, & comme cette verité
procede du conſentement uni-

Papian.
l. 1. ff. de
inſt. & ju.

verfel des fages & des peuples
d'un Etat, qu'on regarde comme immortel, elle porte une
obligation generale & perpetuelle, qui s'étend fur toutes
les perfonnes, & fur tous les
temps. La prudence humaine
s'eft fait cet art pour la conduite
de la vie civile fur l'exemple de
la nature, qui a fes loix communes à tous les eftres fingu-
liers de chaque efpece, toûjours
les mefmes depuis le commencement du monde, infaillibles
aux fentimens qu'elles donnent
du plaifir pour recompenfe,
quand ils agiffent pour leur
confervation, & fi-toft qu'ils
s'en écarrent d'une douleur qui
les punit. Il faut ici reconnoî-
tre ingenument que noftre fageffe eft fort éloignée de la divine, qu'elle n'en eft qu'un petit rayon, qu'une bien foible

lueur envelopée de nuages, dont
le demi jour ne porte pas loin,
& se voit bien-tost couvert de
tenebres. Car les Jurisconsultes
l.10.Cod. confessent qu'il n'a pas esté possible de faire des Loix si gene-
rales, qu'elles compriffent toutes les actions de la vie, ni si
justes qu'en mille rencontres,
elles n'ayent besoin d'estre temperées par de nouveaux ordres,
qui les étendent, ou qui les limitent selon les Loix de la nature. Nostre ame en porte en
son interieur une fidelle copie, une idée qui nous sert de
regle pour redreffer nos penfées,
nos coûtumes, nos loix mesmes,
toutes les fois qu'elles man-
quent aux bons effets qu'on s'e-
stoit promis. Tellement, comme dit la Loy à sa propre con-
l.12.ff.de fusion, qu'il ne faut pas tant
off. præf. considerer ce qui s'est fait, que

ce qui ſe doit faire , ce que
l'on juge raiſonnable , & ce
que le Legiſlateur eût expri-
mé lors qu'il écrivit la Loy , ſi
l'occaſion s'en fût preſentée. Les
regles que nous avons de bois ou
de cuivre pour tirer des lignes
droites , quoy que faites par un
ouvrier avec toute la juſteſſe
poſſible , ne laiſſent pas d'avoir
des defauts que le rayon viſuel
de noſtre œil remarque, & qu'u-
ne main plus legere & plus dé-
licate corrige ; Cette rectitude
naturelle que nous avons en
noſtre œil , corrige celle de l'art;
& celle que nous portons en
noſtre ame trouve de l'imper-
fection en certains cas dans les
Loix qu'on eſtimoit univer-
ſellement tres-juſtes.

C'eſt de la ſouveraine ſageſſe
que nous tenons ces idées du
vray , & du bien ; elle fait l'or-

dre des Anges , des cieux , &
de la nature, elle eſt la premiere
regle du gouvernement ; c'eſt
d'elle que Salomon demandoit
tres-humblement les lumieres
pour regir ſon peuple; c'eſt à ce
Soleil de Juſtice , à Dieu , la
premiere eſſentielle verité , que
Conſtantin bâtit le ſuperbe
temple de ſainte Sophie , c'eſt
à dire à la divine ſageſſe, parce
qu'elle eſt le principe, le fondement , le fort , la gloire , & la
felicité des Empires. C'eſt d'elle
que les Princes ont receu le
Sceptre , que les Sages ont eu
l'idée de faire de bonnes Loix,
que les voyant d'une trop courte étenduë pour donner ordre à
tous les évenemens de la vie,
& dans une rigueur inflexible ,
auſſi peu propres pour ſervir à
la conduite des hommes , parmi les inconſtances du monde,

qu'un vaiſſeau à courir les mers, avec des voiles , & un gouvernail ſans mouvement , ils pourvurent à ces notables defauts par de nouvelles ordonnances , & par les pratiques de l'équité.

Les Loix furent neceſſaires, parce qu'elles ne tendent qu'à un bien public, ſans aucun intereſt particulier & ſans paſſion, mais parce qu'elles reſſemblent à un homme qu'une opiniaſtre phantaſie attache à ſes ſentimens , ſans vouloir entendre aucune raiſon contraire. Platon dit, qu'il fut neceſſaire d'y joindre les Magiſtrats qui euſſent des yeux , & des oreilles , pour des circonſtances où l'équité naturelle veut qu'on rabatte quelque choſe de cette extrême rigueur. La Loy ſourde & aveugle eſt trop inhumaine, le Ma-

Plato in dialogo civili ve. de regno

Z iiij

giftrat en qualité d'homme eft
fujet à fes paffions , & à trop
de changemens. De ces deux
il s'en fait un corps moral , femblable au noftre naturel, compo-
fé de parties , les unes infenfibles
comme font les os pour donner
la forme & foûtenir la maffe
fans laffitude , les autres fenfi-
bles , comme font les nerfs &
les mufcles , pour l'action & le
mouvement ; par ce moyen les
Loix demeurent inviolables, &
le Juge par des ajuftemens d'u-
ne équité naturelle pourvoit
aux exceptions des fujets particuliers. Ainfi la trop grande fe-
chereffe de la terre eftant dé-
trempée s'unit , fe lie , & fait
corps à la fluidité de l'eau. Ainfi
les premieres qualitez actives &
paffives forment l'heureux temperament du Planete Jupiter,
que nous avons dit avec les

Astrologues, signifier la Justice qui s'entretient par des Loix fixes en leur rectitude, & par les Magistrats s'accommodant avec l'équité aux diverses conditions des sujets.

La maxime est generale en toutes les affaires qui se presentent, de ne les point porter à la rigueur, mais les adoucir par toutes les considerations possibles de l'équité ; quand il s'agit d'interpreter les Loix, dont les paroles ne semblent pas assez claires, leur donner le sens qui semble le plus raisonnable & le plus humain. S'il faut étendre ses décisions d'un cas à d'autres semblables, cela se doit faire avec un esprit liberal & dégagé, sans s'arrester aux bornes qu'une scrupuleuse rigueur y penseroit mettre. Enfin si la Loy ne donne aucune resolu-

l. qu. ff. de reg. jur. l. 9. & 18. ff. de legib. l. 19. l. 24. ff. de verbo oblig.

l. 10. & seq. c. de const. prin.

tion ſur l'affaire qui ſe preſente, en juger ſelon que l'équité naturelle vous le perſuade, & ſuivre en cela les inclinations plûtoſt de la clemence que de la ſeverité. Quoy que les Loix menacent & fulminent, quoy qu'elles ſoient en armes par tous les chemins pour empeſcher le ſecours des miſerables, je preſenteray la nourriture aux Proſcits en qualité d'hommes ; quoy qu'elles ſe taiſent, je donneray un plus prompt ſecours à celuy qui me paroiſt en plus grand peril. Je reſpecteray les vertus d'un Pere en ſes enfans, quoy que leur merite ſoit fort inégal. Je donneray libre paſſage aux priſonniers qui ſe ſauvent des priſons, des Archers, du gibet, peut-eſtre ſont-ils innocens, ſi je ne prens point leur défenſe, au moins je n'empeſcheray point la grace du ciel , qui les met en liberté , & qu'une Jurif-diction superieure à celle de la terre n'ufe de fon droit. Quand le Magiftrat feroit dans une Province où le droit de débris paffe pour legitime , cette vio-lence , ce pillage eft fi con-traire aux Loix de la nature , de la compaffion , de la charité qu'un homme de bien favori-fera toûjours ce malheureux, & s'il ne peut le fecourir dans fa difgrace , il n'achevera pas de luy ravir ce que la fureur des tempeftes luy laiffoit de refte pour ne le pas reduire au der-nier point du defefpoir.

Une bonne ame fe porte toû-jours à la douceur , & à la mi-fericorde. La moindre petite ouverture luy fuffit pour s'y faire un grand paffage. Si le fujet n'en a le merite , elle le

suppose , elle se le persuade , &
d'un petit prétexte d'équité, elle
s'en fait une puissante raison.
Les Empereurs Claudius & Antoninus jamais ne permirent
qu'un criminel fût puni selon
toute la rigueur de la Loy , &
comme c'estoit un privilege du
Sceptre d'adoucir les peines , ils
prenoient toutes les occasions
possibles pour s'en servir, comme
de venir à la rencontre d'un criminel , par hazard en apparence,
mais par effet , à dessein de le
délivrer. Entre les Juges , les
Cours Souveraines qui approchent de plus prés la majesté, sont
aussi les Interpretes des Loix en
faveur de la clemence , & peuvent considerer les merites des
personnes , toutes les circonstances du passé , du present , & de
l'avenir , pour avoir sujet de
leur faire grace.

CHAPITRE XXI.

Terminer les affaires sans les tenir en longueur.

UN Chirurgien appellé pour la guerison d'une playe, est quelquefois si malheureux que de pecher contre les regles de son art, & au lieu du secours qu'on s'en est promis, accroistre le mal par son ignorance, ou par sa mauvaise foy. Son ignorance est criminelle, si pour se donner de la reputation d'avoir des remedes si efficaces qu'ils rendent bien-tost la sante, il permet à la nature de fermer la playe devant que le fonds se soit purgé tout à loisir, & jetté dehors les humeurs

qui s'y estoient corrompuës. Les
experts appellent cela enfer-
mer le loup dans la bergerie, où
ses aviditez ne se contentent
plus d'appaiser sa faim, mais
elles deviennent une fureur qui
égorge tous les moutons pour
venger sa liberté. Ils expriment
par cette comparaison les effets
de ces humeurs corrompuës, qui
n'ayant plus la liberté, ni de
s'exhaler, ni de sortir, se répandent dans ce qu'elles trouvent de sinuositez, où elles éteig-
gnent la chaleur naturelle, corrompent le sang, les esprits, les
parties, & font dix ulceres pour
une playe. A cette faute d'ignorance & de vanité qui va viste,
celle de mauvaise foy est toute
contraire, quand elle arreste la
guerison des playes, & les progrés de la nature par des em-
plastres successives, les unes qui

caufent, d'autres qui adouciffent
la douleur pour faire paroiftre
que le mal eftoit opiniâtre , &
tirer une recompenfe égale au
temps qu'il a falu pour le guerir.

Deux femblables extre-
mitez feroient à craindre dans
la conduite d'un procés , n'e-
ftoit que la premiere qui confifte en une trop promte expedition eft rare , l'autre ordinaire , & fi commune que tous
les aiguillons de l'honneur ,
toutes les menaces , toutes les
peines , ne font pas capables de
faire avancer ces lentes & cruel-
les procedures d'un pas. Nous
avons dit que juger une affaire
de confequence fommairement,
& fur une requefte , c'eft une
précipitation que les Loix con- *l. 71. ff. de*
damnent. Car les affaires ont *reg. ju.*
des détours, des intrigues , de
fecrettes intelligences qu'il eft

difficile de reconnoistre qu'avec
le temps, & par les jours que
l'altercation des parties en peut
donner. La simple & promte
veuë qu'on a d'un objet, n'en
remarque pas toutes les qualitez ; Le cerveau qui est le siege
du jugement est froid, & les
vieillards qui sont de cette com-
plexion sont estimez plus propres pour les conseils, que les
jeunes gens, à cause que le sang
qui leur domine, les porte à resoudre les affaires devant que
les bien connoistre. Elles se
tiennent par des voyes secrettes,
comme les mers qu'on croit se-
parées, ont sous terre une libre
communication de leurs eaux.
Les affaires, quoy que particulieres, sont suivies de consequences publiques qui doivent
estre meurement considerées,
devant qu'en donner les dernieres

res conclusions ; car il faut que
le vray , comme le bien , soit
complet sans aucun defaut , &
ce n'est pas bien entendre la
Loy si l'on n'en examine toutes les paroles. Aussi la prudence fait estat de déliberer sur tou-
res les actions qu'elle conduit ,
d'en connoistre toutes les dé-
pendances & les suites , particulierement de celles qui estant
faites ne peuvent plus estre re-
voquées ; & qui de libres qu'elles estoient , nous deviennent
necessaires. On ne doit donc
pas trouver mauvais que les Juges prennent des temps & des
intervalles pour mieux connoî-
tre les choses & les personnes
dont il est question ; les parties
y ont aussi de notables interests,
afin de rechercher toutes les
preuves qui justifient leurs desseins, & qu'ils ne peuvent avoir

*l. 24. ff.
de legib.*

toutes à la fois , sans attendre
les occasions qui les portent.

Mais quelques ardeurs qu'elles ayent en la poursuite de
leurs affaires , quelques fermes
resolutions qu'elles prennent
d'en vaincre les difficultez ; enfin les frais qu'il y faut faire,
les servitudes qu'il y faut rendre , les soins & les craintes,
dont jour & nuit l'esprit se trouve agité , tant de travaux inutiles mettent les plus échauffez
dans le repentir , & leur font
considerer que la perte entiere
du principal leur eust esté plus
souhaitable. Si quelquefois l'occasion leur a fait souhaiter quelque delay , leur desir s'est aussi-
tost veu secondé & accompli
par de mauvaises pratiques, puis
suivi d'un contre-coup , d'a-
dresses & de surprises plus desa-
vantageuses qu'on ne se les pouvoit imaginer.

Les mois & les années se
passent en ce combat de chican-
ne. Il est vray qu'en mille rencontres les parties y ont donné
leur consentement, toutefois à
la persuasion, & par les secrettes intelligences de ceux qui
comptoient d'en partager les
profits. Ils donnent à un hy-
dropique autant d'eau qu'il
veut, sans considerer que c'est
une soif de malade, & qu'elle
s'enflâme parce qui semble
la rafraischir; les parties jettent
les premieres étincelles de vengeance; les Procureurs & les
Advocats mal intentionnez les
reçoivent en des matieres qui
en font des embrasemens jusques à la derniere désolation
des familles.

Si c'est commettre un larcin,
un rapt, un meurtre, une apo-
stasie d'en donner conseil, on ne

jugera pas les Officiers de Justice innocens, quand au lieu de terminer les affaires, ils donnent & le conseil & l'invention de les tenir en longueur dans l'esperance d'un bon succés, qui cependant n'est pas moins incertain que celuy des armes. L'hazard n'est que pour les parties, le gain est infaillible pour ceux qui travaillent à la poursuite de la cause, ils se taillent tous les jours de la besongne pour n'en point manquer, & cette adresse d'entretenir les procés, de fomenter la passion des parties par de vaines esperances qui les entretiennent à la poursuite d'une affaire qui ne se terminera que par la ruine d'une des deux parties, & quelquefois de l'une & de l'autre. On voit aussi leurs familles remplies des biens que les

autres ont perdu à la pourſuite
des grands procés, comme on
voyoit autrefois à Thebes &
à Milet les autels d'Apollon
& d'Hercule bâtis ſeulement
des cendres & du ſang des vi-
ctimes qu'on leur avoit immo-
lées. Quand on fit recit à Ne-
ron que quelques Provinces de
France eſtoient revoltées, on
remarqua ſur ſon viſage plus de
joye que de douleur, comme ſi
ces mouvemens luy euſſent eſté
des occaſions legitimes de rava-
ger ces Provinces, & de s'en-
richir de leurs dépoüilles. Les
perſonnes de Juſtice peuvent
avoir ces ſentimens. Quand ils
voyent de grands procés naiſ-
ſans entre les familles preſque
égales en biens & en credit, que
le cours en ſera long, & que ces
affaires ne finiront point, ſans
qu'ils en tirent d'inſignes profits,

Pauſan.
in arca-
dicis.

Ces veuës de profiter du malheur d’autrui sont odieuses, car estant inseparables de la misere qu’on regarde comme la cause du bien qu’on reçoit , il semble qu’on n’ait pour les deux qu’un mesme desir , & qu’une mesme volonté. Demades ne pouvant souffrir ces sentimens impunis en un citoyen, chargea d’une grosse taxe ceux qui avoient la charge des ceremonies funebres , comme s’ils eussent toûjours desiré de grandes mortalitez pour en tirer de grands gains. Mais pourquoy condamner en une seule condition ces veuës involontaires, inseparables des legitimes desirs du bien en beaucoup d’autres emplois. Car si les biens de cette vie sont limitez, la privation y sera comme en la nature l’un des principes de la naissance ; il

faut que l'un perde ce que l'autre acquiert, on ne s'éleve que
sur les ruines des autres, & la
vicissitude du commerce ne consiste qu'en ce qne les choses
passent en diverses mains, que
les unes se remplissent de ce
dont les autres se sont vuidées
de gré ou de force. La guerre
cause une infinité de malheurs,
& fait ressentir aux hommes en
une campagne, tous les fleaux
de la nature, que la providence
pour nous épargner ne permet
que dans une longue suite d'années. Neanmoins les Princes
l'employent pour se faire droit,
les braves la desirent tout hau-
tement pour donner les preuves
de leur courage dans les perils,
& recevoir ce qu'ils meritent de
reconnoissance ; la guerre donne de l'exercice à tous les arts,
tous les marchands, tous les ou-

vriers y trouvant leur compte,
sont bien moderez s'ils ne la desirent. La sterilité d'une année
enrichit les laboureurs dont les
granges sont pleines de grains.
Les maladies populaires sont
d'abondantes moissons pour les
Medecins , le luxe de la jeunesse est favorable à ceux qui
font trafic de curiositez. Les
tempestes qui renversent les é-
difices , les coups de foudre qui
les brûlent, taillent de la besongne aux massons & aux char-
pentiers , qui sans desirer ces fu-
nestes accidens , peuvent innocemment recevoir le profit
qu'ils leur apportent. Hé pourquoy s'étonnera-t-on si les Officiers de la Justice estant re-
cherchez par les parties , leur
donnant leurs soins & leurs travaux pour la défense de leurs
interests , en reçoivent quelques

ques commoditez pour la sub-
sistance de leurs familles. Ils
imiteront la bonté de Dieu qui
tous les jours des desordres de
la nature & des hommes , en
fait de grands biens , s'ils com-
posent le different des parties ,
& s'ils les mettent en voye d'accord.

CHAPITRE XXII.

Suite du mesme sujet.

LEs consultations des Ad-
vocats , & des Praticiens
les mieux intentionnez , les re-
montrances si souvent réïte-
rées de Messieurs les Gens du
Roy , les Ordonnances des
Princes , comme les dernieres de nostre Monarque Louïs

XIV. n'ont pas encore trouvé
des remedes ſi efficaces pour la
prompte expedition des affaires, que les eſprits n'en décou-
vrent d'autres imperceptibles
pour les tenir en longueur. Les
moyens dont ils ſe ſervent pour
cela, eſtant pris des circonſtances particulieres & infinies des
cauſes, ne peuvent pas eſtre
ſpecifiez, ni défendus par la
Loy. On voit tous les jours les
mauvais effets de cette proce-
dure ; mais les deſſeins en ſont
formez, les reſolutions en ſont
priſes dans des cœurs impénetrables à nos eſprits, dans ces
tenebres, & ces ſecrets reſſorts
des conſciences, où la ſeule
premiere verité peut ſe faire
jour, & donner remede à ce
grand mal pour la reforme de
la Juſtice. Deduire ce que l'experience fait paroiſtre de ces de-

ſordres , c'eſt les enſeigner à
ceux qui auroient plus de mauvaiſes volontez que d'adreſſe ,
expoſer au jour des monſtres de
mauvais augure , qui doivent
eſtre étouffez dés leur naiſſance ; Je n'entreprens pas donc
ce deſſein qui n'eſt pas de mon
reſſort , qui paſſe mes lumieres
& mes forces. Je ne fais que
rendre imparfaitement comme
un écho deux ou trois plaintes
d'une voix publique , faites
peut-eſtre par des perſonnes in-
tereſſées , par la perte de quelque grand procés dont ils blâ-
ment les conduites , quoy que
les Juges les ayent trouvées rai-
ſonnables.

La premiere eſt de ce que les
Preſidiaux & les Parlemens ont
coûtume d'appointer au Conſeil à écrire & à produire des
cauſes qui peuvent eſtre ju-

Novell.
17 cap..

B b ij

gées, dit-on à l'Audience, quoy
que les parties ſoient demurées
d'accord de leurs faits au Parquet
de Meſſieurs les Gens du Roy, &
que la queſtion de droit ne demande point de delay pour eſtre
jugée. Les frais de ces cauſes
par écrit y ſont grands pour les
parties éloignées de leur famille,
par les dépenſes qu'il faut faire
pour les écritures, enfin par les
épices qui ſont un dernier accés
moins ſupportable à des forces
depuis long-temps abbatuës.
Ce qui ſe juge à l'Audience eſt
concerté par l'avis de tous les
Conſeillers qui tiennent le Siege ; l'Arreſt eſt rendu avec une
équité qui merite l'approbation
de tous les ſages, aprés celle
d'une grande & tres-illuſtre
compagnie. L'honneur & la reputation publique de la Cour
en exclud tous les ombrages de

l'intereſt ou de la faveur. La
Juſtice eſt la ſouveraine dans
toute la majeſté de ſon empire,
& ſes Arreſts aprés les doutes
des Advocats ſont receus comme des oracles. Mais dans les
procés par écrit , l'affaire dépend principalement d'un Rapporteur à qui toute la Chambre
défere beaucoup par la creance
qu'il s'y eſt acquis. Ainſi ces
Arreſts à huis clos & ſans témoins, tirent à de plus grandes
longueurs , coûtent bien plus
cher , quoy que d'ordinaire ils
ſoient moins examinez.

La ſeconde plainte ſe fait par
les parties, qui venuës de loin
eſtant à Paris à grands frais, ont
mis leurs cauſes au rôle , dans
l'eſperance qu'elles ſeroient ap-
pellées à leur tour , neanmoins
on les recule ; on les interrompt
par des Audiences de placet ſi

frequentes , que souvent le temps du rôle se passe sans qu'elles soient entenduës. Ainsi les voilà remises ou à une autre année , ou aux longueurs, aux perils , aux frais des instances par écrit. Je considere ces rôles , comme ces plantes qui portent plusieurs fleurs sur une tige , disposées de sorte qu'elles s'ouvrent successivement selon la proximité qu'elles ont à la racine, les plus proches les premieres, puis les secondes, ainsi des autres , cela se void au pied d'aloüette , en l'os bouis, au staphis agria , au boüillon blanc & semblables , où la nature est si reguliere que les fleurs du troisiéme étage , jamais ne paroissoient devant celles du second , & quelque bonne nourriture qu'ait la plante, sa tige ne pousse aucunes fleurs

à la traverſe qui interrompent
cet ordre. Les creanciers reçoivent leur payement ſelon l'ordre
de leur hypoteque, le benefice ſe
donne à celuy des deux concourans qui eſt le premier en datte,
ſur cette maxime que qui eſt le
premier en rang a le plus de
droit ; ainſi ſans conſiderer les
autres merites, l'antiquité donne la preſéance entre les Collegues. Meſſieurs gardent cet ordre en leur Siege, on s'étonne,
& on ſe plaint qu'ils ne l'ob-
ſervent pas en leurs rôles. J'a- *l. 2.*
voüë que leur autorité eſt gran- *parag.*
de, mais elle ne paſſera pas celle *merito*
du Prince, qui accorde les pri- *ff.ne quid*
vileges, tellement que s'ils obli- *in loco*
gent quelqu'un d'une faveur, *publ.*
les autres n'en reçoivent aucun
dommage. La Loy avertit les *l. 3. ff. de*
Juges de garder cette modera- *alien.*
tion, ne point accorder à une *ind. mu.*
B b iiij

partie des graces qui bleſſent l'intereſt des autres , & ne pas commencer à rendre juſtice par une injuſtice.

Comme ces pratiques ſont d'une tres-notable conſequence aux parties , les Juges ont ſans doute trop de bonté pour les vouloir commander. Ils ſont auſſi tres humblement ſuppliez de ne les point ſouffrir , & de veiller enſorte ſur la conduite de leurs Secretaires , que ni par faveur , ni par argent ils ne renverſent point l'ordre des cauſes qui doit eſtre inviolable en la Juſtice, comme en la nature où toutes choſes paroiſſent & ſe retirent à leur tour ſelon les Loix que Dieu leur à preſ-crit dés l'éternité , par ces ſuites neceſſaires d'évenement que les Philoſophes appelloient de-ſtin, & les Chreſtiens ordres de la Providence.

Vide
Apolo-
giam
falſi uni-
verſi
page 6.

CHAPITRE XXIII.

Se tenir dans les termes de sa Iurisdiction.

TOus les Sages de l'anti-
quité se sont rencontrez
en la creance, & en l'adoration
d'un premier estre qui a produit
le monde angelique, celeste,
élementaire, & qui estant infini
en perfections, remplit son ouvrage, le soûtient, le gouverne immediatement par une vertu à qui chose aucune n'est impossible. Neanmoins pour mettre en ses creatures un caractere
qui representât non seulement
son estre, & sa vie, mais sa
puissance, il les dispose dans un
tel ordre que chacun voit sur

elle une plus parfaite qui luy
commande. Trimegiste appelle
les fept Planetes les fept commandans du monde. Julien
l'Apoftat pour donner quelque
couleur à l'idolattie , dit que
tous les Royaumes , toutes les
Provinces font gouvernées par
des genies tutelaires qui leur
donnent des Loix , des habitu-
dés , des qualitez differentes,
& qui eftant en cela les Lieute-
nans de Dieu , meritent bien
qu'on leur rende quelques refpects. Tout le bien , toute la
puiffance , toute l'activité eft
éminente en une fouveraine
perfection dans le premier acte
dans la premiere unité qui n'eft
pas comme la noftre finguliere,
mais infinie. Hors ce premier
eftre tous les autres font finis,
font limitez, de forte que s'ils
ont quelque empire fur les cho-

D. Cyril.
Alex.
lib. 1.
contra
Julian.

ſes inferieures, ce n'eſt que ſur celles qui ont plus de rapport à leurs qualitez. Le ſoleil domine au ſang, aux eſprits, à l'or, aux diamans ; la lune aux eaux, aux humiditez ; Mars au feu, au fer, à la bile. Les autres à leurs pierreries, à leurs plantes, à leurs animaux, aux differentes eſpeces que la Theologie dit eſtre ſous la tutelle d'un Ange, comme chaque homme particulier a le ſien.

La ſageſſe humaine a formé ſon gouvernement ſur celuy de la nature, elle a ſes offices differens & ſubordonnez qui ſe tiennent, & qui ſe ſecourent, de ſorte que l'un nempeſche & n'uſurpe point les exercices de l'autre, d'autant plus parfaits, qu'ils s'attachent plus à un ſujet, ſans partager leurs attentions & leurs forces à pluſieurs.

C'eſt le devoir du Prince de regler toutes ces activitez, & les
rapporter à un bien public,
comme un Architecte conduit
le travail de ſes ouvriers, &
fait agir par ſes ordres toutes ces
mains qui achevent enfin ſon
édifice. Les Parlemens Juges
Souverains ſous l'autorité du
Prince, tiennent les premiers
rangs de la Juſtice. Ils voyent
ſous eux les autres moindres
Juriſdictions, les Prevoſtez,
les Baillages, les Preſidiaux, &
jugent de leurs Sentences en cas
d'appel. Or comme le cerveau
ne formeroit pas l'eſprit animal
d'où procede le ſens & le mouvement du corps, ſi le foye ne
travailloit à faire le ſang, le
cœur à le purifier, & à luy
fournir la matiere de ces ſublimes operations par ſes arteres;
ainſi la Cour ne rendroit pas

ſes Arreſts ſur les appellations,
elle ſe priveroit elle-meſme de
cette autorité , elle ne jugeroit
pas les Juſtices , ſi elle évoquoit
à elle les cauſes qui ſont de leur
reſſort.

Le Juge eſtant ſur les lieux
eſt mieux inſtruit,& à moindres
frais de toutes les circonſtances
d'une cauſe ; ayant peu d'affaires , il ſe donne tout entier à
celle qui ſe preſente , la crainte
de manquer à ſon devoir, ſous
des Juges plus éclairez qu'il ne
peut eſtre , & qui tireront leur
gloire de ſa condamnation , le
tient étroitement dans les termes de la Juſtice , & pour ſe ju-
ſtifier il donne des éclairciſſe-
mens à la cauſe , qui ſans ſes
diligences ſeroient moralement
impoſſibles. L'ordre le plus élevé des Anges , n'oſte pas aux
inferieurs ce qu'ils ont d'em-

ploy ; mais ils leur envoyent
les lumieres & les ardeurs divines qu'ils puisent immediatement en la source , afin qu'ils
s'en acquitent avec plus de perfection. Le monde ne seroit
qu'un globe de feu , si cet élement le plus actif & le plus
violent de tous, avoit la liberté
de s'accroistre en les convertis-
sant en sa substance. Ces évo-
cations grossiroient le nombre
des affaires de la Cour, elles en
rendroient ainsi les expeditions
plus longues & plus difficiles.
Elles sont donc contraires aux
ordres de la nature qui ébau-
che les operations des parties
superieures , par le travail des
moins accomplies ; elles sont
contraires à la police dont elles
renversent les ordres ; elles
ostent à la Cour un droit où
consiste son éminence de juger

des jugemens : ainſi elles ne doivent ce ſemble eſtre pratiquées qu'en cas extraordinaires qui meritent de faire des exceptions dans une Loy generale.

La plus notable diſtinction qu'on a fait depuis la naiſſance de l'Egliſe, & la converſion des Empereurs à la Foy, conſiſte en une Juriſdiction commune, l'autre Eccleſiaſtique pour les perſonnes conſacrées à Dieu, & au ſervice de ſes Autels. Car ſi les diverſes conditions qui vivent ſous des Loix particuliers doivent avoir pour Juges ceux qu'on ſuppoſe en eſtre bien inſtruits, pour terminer leurs differens ; ſi par cette conſideration l'on donne des Juges particuliers aux Juifs, aux étrangers, aux ſoldats ; l'Apoſtre à grand ſujet de reprendre ſeverement les Chreſtiens, qui

*l. 10. &
13. ff. de
Juriſd.
Cod. leg.
antiq.
Viſigoto
lib. 1. tit.
3. l. 2.
edit.
Theod.
Reg. cap.
143 l. 12.
ff. de re
mil.*

portoient leurs cauſes devant
des Juges idolatres , ſans avoir
le courage ou de terminer leurs
2. Cor.6. differens par l'advis de quelque
fidelle , ou de perdre plûtoſt
tout ce qu'ils pouvoient prétendre d'intereſts , que de desho-
norer l'Egliſe , en la mettant
aux pieds des infidelles.

l. 1. c. L'Empereur Conſtantin ayant
Theod. de receu la Foy Chreſtienne, don-
Epiſ. & na les premiers témoignages de
Cler. ſes reſpects , par l'Ordonnance
qui exempta les perſonnes Eccleſiaſtiques des Juriſdictions
ordinaires , & pour luy rendre
une plus ſolemnelle ſoumiſſion,
il tranſporta le Siege de l'Empire à Conſtantinople , parce
que l'Empereur de la terre ne
devoit avoir aucune puiſſance
dans Rome , où le Prince des
Apoſtres , le Chef de l'Egliſe
Catholique , avoit établi ſon

Siege

Siege par l'ordre de Jeſus-Chriſt , Souverain Monarque du monde. Depuis S. Hilaire obtint de l'Empereur Conſtantius la confirmation du meſme privilege. Clovis ayant receu la Foy Chreſtienne , envoya une Couronne d'or au Pape Horſmida, tenant lors le Siege, pour luy témoigner qu'il engageoit ſa Couronne à la défenſe de l'Egliſe. Charlemagne prenoit cette qualité : Charles par la grace de Dieu , Roy de France, fils & défenſeur de la ſainte Egliſe. Je ne m'arreſte pas ici davantage ſur ce ſujet dont on peut voir les exemples , & les autoritez dans mon Digeſte. Les Cours Souveraines qui exercent la Juſtice ſous l'autorité du Roy , doivent donc ſuivre les intentions de l'ancienne pieté Chreſtienne , & ſe porter

Cc

à la défense de l'Eglise , avec
des integritez qui marquent le
zele de son fils aisné. Il faut ,
selon la maxime de l'Evangile,
chercher devant toutes choses
le Royaume de Dieu , pour établir plus fermement celuy du
Prince. Mettre cette ferme base,
dit Synesius, pour élever dessus
cette image de la divinité , &
croire que le gouvernement des
hommes sera d'autant plus heureux que ses Loix seront plus
conformes à celles de Dieu. Ne
seroit-ce pas contre l'ordre de
la nature que le Pasteur fût
jugé par son troupeau , la mere
par son enfant qu'elle tient encore à la mamelle , & qu'elle
apprît de luy à parler des choses
divines ? S'il se rencontre quelques defauts dans les personnes
Ecclesiastiques , la pudeur ne
doit-elle pas les tenir cachez aux

Synesius
lib de
regno.

yeux qui pourroient en prendre
un grand ſujet de mépris , &
des miniſtres , l'étendre juſques
ſur les choſes ſaintes. On ſuppoſe que c'eſt défendre les Con-
ſtitutions Canoniques, de recevoir les appellations des abus
qui les offenſent : mais ces recours à la Juriſdiction ſeculiere,
peuvent eſtre ſi frequens , &
une petite circonſtance peut tellement y engager le principal ,
qu'enfin l'on aboliroit la diſcipline & la Juriſdiction Eccleſiaſtique ſous ce beau prétexte ,
ſi une ſolide pieté ne s'y oppo-
ſoit , & ne faiſoit difference des
Juriſdictions.

CHAPITRE XXIV.

Des emplois par commission.

IL est certain que la justesse
du temperament cause la
santé, la grace, la belle disposition du corps , mais quoy
que la nature nous donne
ces avantageuses qualitez par
une heureuse naissance ; neanmoins la Medecine est en peï-
ne depuis long-temps de rencontrer des remedes qui nous
les conservent , & qui les ré-
tablissent aprés que les maladies y ont causé de grandes
alterations. C'est de mesme
une chose tres-assurée que la
felicité des Etats dépend de
la bonne administration de la

Juſtice ; la nature nous en donne les idées , les Sages de l'antiquité nous en ont laiſſe les Loix & les exemples , & avec tout cela les conſeils ſont empeſchez dans toutes les eſpeces de gouvernemens , de remedier aux deſordres qui menacent , ou qui troublent cette bienheureuſe Police qu'ils veulent établir. Si l'on met une importante charge , comme eſtoit la Dictature à Rome , entre les mains d'un ſeul , afin que ſa conduite ait toutes ſes libertez , dans l'indépendance, & ſans les contradictions d'un Collegue , & qu'il ſuive avec plus de courage ſes genereuſes entrepriſes dont il doit recüeillir toute la gloire ; il faut craindre qu'il ne ſoit ſujet à faillir dans une conduite ſecrette ſans autres témoins , qu'une con-

ference maligne, vaine ou erro-
née qui luy applaudit. Si plufieurs font receus en l'exercice
d'une mefme Charge , il faut
auffi craindre que pour fe venger de la défiance qu'on en a
conceuë , ils ne s'accordent fi
bien qu'ils fe fortifient en leurs
mauvaifes pratiques , par le
partage des profits communs ,
& qu'eftant les complices d'une
mefme prévarication , ils fem-
blent en eftre les furveillans.
Ils peuvent par ce moyen aller
au devant des envies que la nature fufcite , & que l'adreffe des
Commandans tâche d'allumer
entre eux pour empefcher leur
trop étroite union , qu'on a toûjours eftimé fatale au bien public. Car la mauvaife foy ne
manque point d'artifices pour
fe couvrir, elle a fes contremi-
nes , & depuis que la refolution

de faire le mal eſt priſe entre
pluſieurs, ils trouvent aſſez de
moyens pour faire ſervir contre l'Etat les meſmes machi-
nes qu'il avoit dreſſées pour les
empeſcher. Cela ſe voit en ces
familles devenuës riches en
deux ou trois ans de pluſieurs
millions, que le commerce legitime de leurs anceſtres n'auroit pas acquis durant pluſieurs
ſiecles; & cela par des conduites
ſi ſecrettes & ſi ſubtiles, qu'elles faſcinent les yeux qui ſe
croyoient les plus éclairez dans
les finances. Si donc le peril eſt
grand de commettre à un ſeul
ou à pluſieurs le maniment des
choſes qui tentent ſi fort l'eſprit
humain, & d'ériger en titres
d'offices ces emplois dont il ſeroit difficile de dépoüiller ceux
qui en ſeroient pourvûs ſans
trop de fracas, de plaintes, de

rigueurs contre l'honneur & les biens, puis qu'un Officier n'est point démis de son Office, si on ne luy fait son procés. Il semble qu'il seroit meilleur que ces Charges particulierement celles qui sont uniques & perilleuses, ne fussent données que par commission.

Le choix qu'on fait d'une personne par la seule consideration de son merite, luy est un grand honneur qui l'oblige à de plus grandes fidelitez, afin de répondre à l'estime que les Puissances en ont conceuë; & comme cette Charge luy est donnée par une pure gratification, rien ne l'oblige à ces coups d'adresse, qu'on est presque contraint de dissimuler en ceux qui tâchent de retirer par pieces, ce qu'en gros ils ont financé. C'est en cela bannir insensiblement la

venalité

venalité des Offices de noſtre
Etat , & c'eſt commencer ce
bien par des Charges importantes , qui peuvent ſervir de regle & d'exemple pour toutes les
autres.

En la Chine & en Turquie,
les Charges ne ſe donnent que
par commiſſion, en cela les ſujets n'ont rien en propre , tout
dépend du Prince qui en diſ-
poſe abſolument ſelon la neceſſité des affaires. L'Officier n'a
pour titre que ſa fidelité , & le
conſentement du Prince qui le
continuë. Il eſt ſous ſa main,
comme un jeton ſous celle de
celuy qui fait un compte , &
fait valoir un écu la meſme
piece qui auparavant n'eſtoit
poſée que pour cinq ſols. L'autorité du Prince eſt en cela plus
entiere , plus magnifique dans
l'occaſion qu'elle a de gratifier

Hiſtoire de la Chine part. 1. livr. 3. ch. 2.

D d

ſucceſſivement pluſieurs familles d'un employ qu'une ſeule ſe
rendoit propre à l'excluſion de
toutes les autres : pluſieurs qui
ſe ſuccedent s'efforcent de ſur-
monter leurs prédeceſſeurs par
de plus belles actions. Pluſieurs
eſprits que la providence fait
naiſtre ſelon l'exigence des affaires , eſtant tirez de l'obſcu-
rité , & mis dans l'employ , font
des miracles , qui eſtant com-
parez aux pratiques de nos anciens , les font paroiſtre fades ,
groſſieres, & meſme nuiſibles à
l'Etat.

Ainſi la coûtume s'intro-
duit entre les perſonnes de Cour
de ne ſe tenir point offenſé du
changement des emplois, d'entrer dans les moindres , aprés
s'eſtre acquité avec honneur
des plus grands ; c'eſt une eſpece de repos en un long voyage,

de n'aller pas toûjours d'un pas
également viſte où il faille déployer toutes ſes forces. Les
grands hommes qui s'abaiſſent
de la ſorte, rendent un hommage à la volonté du Prince
de la ſuivre, ſans y rechercher
leurs intereſts ni leurs inclinations : au reſte c'eſt ſon droit,
de redemander quand il luy
plaiſt ce qu'il a preſté ſans obligation ; la faveur qu'il aura
faite une fois ne luy devient
pas une neceſſité pour l'avenir.
Il eſt au rang des cauſes ſupe-
rieures qui ſont à elles-meſmes
la Loy de leurs actions ſans la
recevoir. En effet le ciel, dit Pa- *Paracel.*
racelſe, ne nous rend point ſes *lib. 1.*
preſens hereditaires, ils ſe ter- *ſagaïſ*
minent ordinairement en un *philoſ.*
ſujet, & ne luy ſont pas meſme continuels, comme on le
peut voir en ces favorables éve-

D d ij

nemens, qui n'arrivent qu'une seule fois en toute la vie, comme de trouver un tresor, un secret dans un art, ou une science.

Le Prince peut donc user de cette liberté de mettre ceux qu'il luy plaist dans l'employ, ou les en oster sans estre obligé d'en rendre raison, non plus que des autres secrets du gouvernement, qui souvent épargnent la reputation des personnes, & qui meriteroient plus de remercimens que de plaintes, s'ils estoient connus. S'il y a quelque raison particuliere, outre celle des merites, pour avancer plûtost l'un que l'autre, c'est l'assiduité du service qui sans relâche cultive continuellement la faveur pour la recevoir : l'absence d'un courtisan efface beaucoup de favorables idées en l'esprit du

Prince, elle perd des occasions
qui ne se presenteront plus ; elle
donne ouverture à d'autres familiaritez dont la possession devient legitime, les progrez comme infaillibles ; enfin qui se retire de ce jeu le perd. Il suppose n'estre plus dans des necessitez ni dans des esperances
qui meritent d'estre satisfaites ;
& blesse le Prince d'un reproche insupportable de le tenir
pour indifferent à sa fortune,
qui s'en peut passer. Le Roy
n'a point de spectacle plus magnifique que de se voir au milieu d'une florissante Cour, de
tant d'illustres Personnes, toutes
alterées à l'envi de ses graces
& de sa faveur, parce qu'ils
supposent en luy des bontez &
des abondances capables de les
satisfaire, Or les emplois n'y
suffiroient pas, & ses largesses
D d iij

feroient bien-toſt limitées , ſi
les Charges ne ſe donnoient al-
ternativement , & ſi ſon choix
qui eſt le deſtin de toutes ſes
creatures , ne les faiſoit paſſer
en pluſieurs mains. La reputation que s'eſt acquis celuy qui
ſort de Charge le met à couvert de tout reproche , & le
choix qu'on fait de celuy
qui en eſt pourvû eſt un
grand préjugé de ſon merite.
Ainſi ces changemens ordinaires s'y peuvent faire ſans que
l'honneur d'aucun y ſoit offenſé;
il reſte ſeulement couvert de
quelques petites obſcuritez. Si
les retrogradations des plus belles Charges aux moindres , é-
toient continuelles, ces perſonnes en cette ſuite de diſgraces
reſſembleroient à ces eaux, qui
eſtant ſouvent frappées de la
foudre , en prennent enfin de

mauvaiſes qualitez dont l'uſage ſeroit mortel.

CHAPITRE XXV.

Des Iugemens criminels.

LA vie que nous tenons de la main de Dieu, eſt un don plus précieux qu'on ne ſçauroit croire, car elle eſt le fondement de tous les biens dont ſa miſericorde nous rend capables dans le temps & dans l'éternité. Auſſi toute la nature, tous les arts, toutes les inventions de l'eſprit humain travaillent pour ſa conſervation ; & c'eſt une merveille que la Juſtice, aprés avoir employé pour ce ſujet ſes Loix & ſes Magiſtrats, puiſſe former quelques deſſeins qui luy ſoient

contraires. Les ordres si sainte-
ment établis pour la seureté de
l'enfant dans le lieu de sa for-
mation, contre les craintes & les
fureurs d'une mere dénaturée;
contre l'avarice impitoyable des
heritiers, contre les poisons & les
malefices qui peuvent empescher la naissance, font qu'aprés
Dieu, la Justice en est considerée comme la cause ; elle
doit donc la conserver avec plus
d'amour, que n'en ont tous les
estres de la nature pour leurs
productions. C'est pourquoy
l'ancienne Police des peuples du
Nord, des Allemans, des Sa-
xons, des Bourguignons, des
Suedois, & des autres, ne pu-
nissoit point les criminels de
mort, quoy que convaincus de
larcin, ou d'homicides, mais
les peines n'estoient que pecu-
niaires, sans toucher au corps

qu'ils estimoient une partie pri-
vilegiée appartenante à la nature, & à l'Etat. Les Rois d'E-
gypte ne faisoient executer aucun criminel à mort, mais ils
estoient marquez, & condam-
nez à travailler aux pyramides,
aux tranchées qui conduisent les
eaux du Nil par toute cette terre, & dans les cisternes où elles se conservoient pour toute
l'année. Les deserteurs estoient
notez d'infamie, jusques à ce
qu'ils eussent merité leur grace par quelques actions de courage. Cette mesme Loy regne
depuis long-temps chez les
Moscovites & les Chinois, où
le Juge ne peut condamner aucun criminel à mort, sans une
permission particuliere du Prince. Ainsi la Loy des douze Tables défendoit de faire mourir
aucun citoyen sans une as-

Diod.
Sicul.
rer. antiq
lib. 1.
parte 2.
cap. 2.
& 5.

Sigis-
mundus
de Mos-
covia
hist. Si-
nens. lib.
3. c. 10.

Cujac.
observ.
lib. 15.
cap. 8.

semblée publique des Censeurs,
& des principaux du peuple.
Athenes fut la premiere des
Republiques qui condamna les
criminels à mort par les Arrests
de son Senat qui prit pour cela
le nom, & les sanglantes inclinations du Planete Mars.

Depuis les Sages ont veu par
experience, qu'il y a certaines
personnes d'un si mauvais naturel, & tellement déterminées
au mal, que leur prolonger la
vie, aprés qu'elles ont merité
la mort par leurs crimes, c'est
leur donner moyen d'en commettre autant qu'ils en trouveront d'occasions, parce qu'ils
en ont les volontez, & les habitudes continuelles, & que c'est
une cruelle misericorde d'épargner ceux qui ne se montrent
nez que pour affliger les bons.
Un lion ne fait pas tant de dé-
gasts dans un païs, qu'un vo-

leur de grands chemins, de nuit
& de jour dans les villes, toûjours prest à tuer ceux qui l'em-
peschent, ou qui luy resistent.
Quand on mene ce meurtrier
au gibet aprés sa condamnation, on n'abrege pas tant sa
vie que ses crimes, qui ne finiront non plus que les incendies,
tant qu'ils trouveront de matiere pour se nourrir, & pour
se répandre plus loin. Vous
ostez du monde un homme qui
en osteroit plusieurs par les
violences, les desolations, les
meurtres qu'il commetteroit en
retoute rencontre, d'où il espereroit quelque profit.

Aprés donc toutes les considerations de la clemence, & tous
les sentimens naturels d'huma-
nité que nous devons avoir pour
nostre espece, il a fallu que la
Justice ait suivi les ordres que

Dieu luy donna dés le commencement du monde , que celuy
qui tuë , sera mis à mort , &
qu'il satisfera par l'effusion de
son sang , à celuy de son prochain qu'il a versé. Les anciens
furent dans cette créance, qu'on
ne pouvoit offrir à Dieu une vi-
ctime plus agreable , qu'un méchant homme , qui l'offense en
ses plus cheres creatures , & qui
commet tous les jours autant de
crimes , que ses exemples animent de mauvais courages à les
commettre. C'est pourquoy l'e-
xecution des criminels , se faiten
public au mesme lieu où ils ont
commis le crime , afin dit Sal-
vien , qu'on sçache que ce n'est
pas tant le Juge que la Justice qui
prononce leur condamnation, &
que personne ne soit à l'avenir
si temeraire de tomber dans une
faute , que le concours d'un

grand peuple témoigne eſtre ju-
ſtement puni de mort.

Un pays d'Afrique eſtant de- *Pline lib. 8. cap. 16.*
ſolé, & preſque reduit en deſert
par les lions, en fut délivré par
la crainte qu'ils eurent d'en voir
un pendu. Les hommes ont
moins de raiſon, s'ils ſont
moins touchez de voir leurs
ſemblables à la potence, & ſur
la rouë, tres-aſſurez que s'ils
ſont pris en meſme délit, ils
ſouffriront les meſmes peines.
On les reïtere afin qu'eſtant
preſque tous les jours preſentes
dans les grandes villes comme
Paris, elles faſſent plus d'impreſſion ſur les eſprits ; en ſorte
que le temps n'en efface point
les idées. On auroit ſujet de
donner cette édification publique en des perſonnes criminelles qui ne fuſſent point dans les
grands emplois, crainte que ce

chaſtiment ne fût un reproche à
la dignité, qu'il ne rabatît quelque choſe de l'eſtime que le peuple en doit avoir , des reſpects
& de la veneration qu'il luy
doit rendre. Neanmoins , comme la corruption des meilleures
choſes eſt la plus mauvaiſe , &
que la perfidie eſt plus criminelle en celuy que la Charge
obligeoit à plus de fidelité , les
anciens n'ont pas épargné les
Magiſtrats , quand ils ſe ſont
trouvez coupables de concuſſion. Herodote dit , que Cam-
byſes ayant découvert un mauvais Juge qui ſe laiſſoit corrompre par argent , puniſſoit les innocens , & délivroit les coupables : ſon procés luy eſtant fait
& parfait , commanda qu'il fût
mis à mort devant tout le peuple , & puis écorché ; que de ſa
peau l'on couvrît le Siege où

l'on rendoit la Justice , & son
fils qui succeda à la Charge
estoit tous les jours assis dessus.
Ce luy estoit un spectacle bien
funeste , & plein d'une extrême
horreur , pour l'avertir de ne
pas tomber dans les desordres de
son Pere. L'histoire de France
fait recit d'un Juge , qui pour
une grande somme d'argent fit
executer un innocent au lieu
d'un coupable à la faveur d'une
nuit presque fermée , où il ne
pouvoit pas estre reconnû ; cela
neanmoins estant découvert , il
fut condamné de mourir en une
potence , avec autant de Justice,
que son jugement avoit eu d'i-
niquité. En toutes les peines des
criminels les Loix veulent
qu'on penche toûjours plus du
costé de la clemence ; qu'on
favorise plus le parti de l'ac-
cusé ; que les jugemens ne soient

point précipitez , afin de luy
laisser le temps necessaire pour
sa justification. Car , dit Cassiodore , on peut remedier aux
autres affaires qui n'auroient
pas esté bien examinées , on revoit les comptes , on se pourvoit contre les Arrests par des
requestes civiles ; mais la vie
qu'on a perduë par une condamnation , ne se peut plus rap-
peller ; la mort est inexorable,
& jamais elle ne rend ce qu'une
fois elle a ravi.

CHAPITRE XXVI.

Retraite par intervalles.

LEs emplois de la Justice
sont éminens ; parce qu'ils
ne se proposent qu'un bien public ;

blic ; ils font faints , puifque dans une occafion preffante cet exercice n'offenfe point le repos & la veneration qu'on doit rendre aux Feftes. La Juftice qui rend à chacun ce qu'on luy doit, eft une œuvre de charité , qui peut eftre perpetuelle ; c'eft un feu divin , qui jamais ne s'alentit felon l'Apoftre, & qui trouve fon repos dans ces extrêmes activitez. Mais élevez tant qu'il vous plaira cette vertu, ce n'eft qu'un fujet qui ne remplit pas toutes les capacitez d'une belle ame , vous mettez fes vaftes puiffances bien à l'étroit, fi vous ne luy donnez que des chofes purement humaines, que des Loix & des procés pour toute occupation , vous luy oftez mefme fes forces avec fon étenduë , & vous l'épuiffez comme une éponge dont vous faites for-

tir l'air & l'eau dont elle estoit
pleine, quand vous la pressez
fortement entre les mains. Une
trop continuelle application aux
affaires temporelles, & qui dé-
termine à cela toutes les forces
de l'esprit, le prive des sublimes, & plus importantes inclinations qu'il avoit pour la connoissance, & pour l'amour des
choses divines.

Que l'honneur, que le zele
de servir l'Etat attache tant
que vous voudrez un Magistrat
à l'exercice de sa Charge, enfin
l'esprit y ressent des lassitudes,
& soûpire aprés quelques heures & quelques jours de repos.
La nuit met fin au travail des
pauvres manœuvres ; l'hyver
interdit les grands voyages, les
longues navigations, & oblige
les vaisseaux de se retirer au
port, il donne quartier aux sol-

dats, & leur permet un peu de repos aprés les fatigues d'une campagne ; ainſi la providence ſe ſert de cette fâcheuſe ſaiſon, pour mettre des bornes à l'avarice des marchands , au courage des ſoldats , aux ſanglantes entrepriſes de la guerre ; mais ce mauvais temps ne donne aucune tréve aux exercices de la Juſtice ; car nuit & jour , plus en hyver qu'en été ſes Officiers travaillent aux procés,& les parties chaſſées lors de la campagne par ſes ſterilitez , fondent dans les villes pour y faire leurs ſollicitations. Or puiſque la nature ne marque point de relâche à ſes emplois, c'eſt à la prudence de ſe les preſcrire , & s'en ſervir avec des moderations qui rendent plus de forces & plus de generoſitez à l'eſprit quand il y faudra rentrer. Quelque paſſion qu'ayent les ouvriers pour leur travail , dans la plus grande chaleur de leurs efforts , ils reprennent haleine , & ont ensuite le temps limité de leur repas & de leur repos.

Les Aigles & les Faucons ne sont pas toûjours à l'essor, leurs forces qui ne sont pas infinies, souffrent enfin des lassitudes , ils s'abbatent , quand ce ne seroit que sur la pointe des hautes montagnes où d'autres oiseaux ne peuvent arriver. Aprés que le Magistrat s'est acquité des grands emplois , on l'appelle à un repos qui n'a rien de bas ni de lâche , & quand il se retire ses pensées seront plus sublimes que l'exercice dont il se décharge. S'il quitte la ville pour avoir plus de repos , & qu'estant aux champs sur une coline , il donne à ses yeux la liberté de se répandre dans les vastes étenduës d'un campagne, où les chasteaux ne luy paroissent qu'un tas de pierres ; Je ne les verrois point, dit-il, si j'estois en un lieu plus élevé. C'est ainsi que toutes les choses humaines sont comme rien à un esprit qui contemple les universelles & les divines ; & où sont ces précieux emmeublemens qui occupent les pensées, & d'où l'on tire tant de vanité ? S'il s'enfonce dans la solitude d'un bois, ce grand silence le touche d'une sainte horreur, & son ame recüeillie en elle-mesme, s'abandonne toute entiere aux lumieres, & aux mouvemens, dont il plaist à Dieu la gratifier. O que ces lieux sont differens des troubles & des confusions d'un Palais ; c'estoit en de sembla-bles solitudes, que les Patriarches presentoient leurs sacrifices à Dieu, qu'ils en recevoient des graces & des essais de beatitude; c'estoit en ces lieux que les saints Anacoretes passoient toute leur vie dans de tranquilles integritez, & au lieu de la conversation des hommes, n'avoient que celles des Anges, & de Dieu ; ils vivoient dans une bienheureuse ignorance des folies & des méchancetez où le monde met sa sagesse; tous leurs desirs n'estoient que d'avancer tous les jours à de plus grandes perfections. Ils vivoient jusques à quatre vingts & cent ans , dans les continuels exercices de pieté, dans des abstinences merveilleuses , qui condamnent les délices de nos tables qui ne produisent que des maladies , & une mort avancée. Heureux qui pourroit se faire quitte des opinions du monde, d'où l'on tire de la vanité, & qui en effet nous sont un supplice! La vie du monde est toute contraire à celle des Saints. Ils n'aimoient que la solitude, la mortification des sens, & la sainteté de l'ame. Leurs entretiens estoient rares, & toûjours des moyens de s'avancer à la vertu; n'ayant point de possession, & la charité ne faisant qu'un cœur de tous, ils n'avoient point de procés, & tous leurs differends n'estoient qu'en qui se surmonteroit en bons offices. Au monde c'est un combat perpetuel, le plus fort dépoüille le foible, par adresse, par mauvaise foy, parce que la Justice s'oppose à la violence; chacun ne cherche que son interest au desavantage des autres, on ne fait quasi le

bien que pour éviter le mal,
on n'agit de bonne foy que
pour n'estre pas surpris dans des
tromperies que les Loix punis-
sent.

Quelle peine de vivre parmi
ces desordres ! mais que la charge est pesante & insupportable,
pour un Magistrat de donner ses
soins continuels pour les appaiser , & s'il y apporte de la ne-
gligence , estre chargé d'un pe-
ché public ! Il n'y à qu'un seul
moyen pour faire paroistre cet
employ leger & petit , c'est d'é-
lever son esprit à Dieu , luy demander ses lumieres & ses graces pour accomplir ses volontez,
sans crainte , sans esperances du
monde , avec une generosité à
qui rien ne paroist grand que
ce qui regarde son service. Les
fermes protestations qu'on fait
tous les jours devant le trône
de

de sa divine Majesté, d'apporter
tout ce qu'on a de forces , &
d'adresse pour s'acquiter parfaitement de sa charge , se terminent à y faire tout ce qu'on
peut ; car Dieu mesme ne contraint pas les volontez. Or il
n'y a rien de plus facile à un
homme qui sçait les affaires ,
qui en voit les annexes. & les
consequences, de ne donner jamais son consentement au mal,
de porter les choses & les esprits
autant qu'il se peut au bien,
l'issuë n'en peut estre que glo-
rieuse, en ce cas la disgrace des
Puissances & la perte de leur
faveur est avantageuse, si elles
ne vous flatent que pour vous
avoir en main comme un in-
strument de leurs desseins , la
crainte de Dieu vous délivrera
de toutes les autres , la ferme
confiance en ses misericordes,

F f

eſt un fort pour une bonne ame
d'où elle ne peut eſtre tirée, &
où les coups des Puiſſances ni
de l'enfer ne peuvent porter.
Un Magiſtrat doit toûjours conſiderer que les yeux de ſon Prince, des Sages & des peuples,
ſont arreſtez ſur luy pour ob-
ſerver tous les mouvemens de
ſa conduite. L'integrité ſeule la
met à couvert des plaintes de
ceux qui n'ont pas receu de luy
toute la faveur qu'ils s'en pro-
mettoient, on y ſuppoſe toûjours en eux de la paſſion; &
on les conſidere comme des malades qui crient quand on les
panſe. Toutes les rumeurs du
peuple, les ombrages meſme
des Puiſſances touchent peu
ces grandes ames qui n'agiſſent
qu'en veuë de Dieu, & qui
n'ayant que de tres-pures intentions, ſe conſolent dans une ſain-

te eſperance, meſlée d'une crainte
filiale d'eſtre jugées par la ſouveraine Juſtice. Ces ſentimens
n'appartiennent qu'aux grandes
& ſaintes ames, qui agiſſantes
toûjours, aprés avoir conſulté
ſes ſaintes volontez ſur les affaires, ne craignent point de l'a-
voir pour juge de leur interieur,
qu'elles invoqueroient meſme
pour témoin, ſi elles eſtoient
obligées de rendre raiſon de
leur conduite devant un autre
tribunal.

Mais ce nouveau ſolitaire
peut dire en luy-meſme, cependant que mon eſprit s'entretien
de ſes penſées, ſous le nom d'un
tiers, je ne conſidere pas qu'il
s'agit icy de mon propre fait.
Car je n'ay pas toûjours conduit mes deſſeins & mes entrepriſes avec tant d'integrité qu'il
ne s'y rencontre beaucoup de

defauts , & mes pratiques ne
font pas toûjours fi équitables
qu'elles ne puiffent eftre temperées felon les circonftances
particulieres des caufes. Un
Peintre revoit fon tableau , un
Poëte , un Orateur fon ouvrage à plufieurs reprifes , & y
trouve toûjours quelque chofe à
mettre ou à retrancher , dont
l'efprit n'avoit pas la veuë , ravi de l'aplaudiffement qu'il fe
donne , & du repos dont il fe
flate , fi-toft qu'il a fait fa production ; par exemple en l'Ar-
reft qui fut dernierement rendu
en l'affaire d'un mineur. La juftice y fut gardée , felon les
Loix & la coûtume. La Cour
joignit mefmes fes équitables
confiderations à la rigueur de
l'Ordonnance , mais ne pou-
voit-elle pas y ajoûter quelques mots pour prévenir les

coups de mauvaise foy qui se glissent si facilement dans les moindres ouvertures où elle ne trouve point de resistance. Appellons de nous à nous-mêmes, ne laissons pas au Prince la peine de travailler à la reforme de nos procedures , & à nous la honte de la recevoir , en estant mieux instruit que tout autre par nos propres experiences. Il nous est facile d'y donner nous-mêmes les ordres avec honneur sans les recevoir avec reproche, aller au bien sans estre tirez, & comme les causes superieures se donner , & aux autres le mouvement sans le recevoir. On auroit ces veuës, & on en prendroit les fermes resolutions si dans les retraites que nous nous devons donner par intervalles, nous nous rendions les tres-rigoureux censeurs de nostre conduite.

Platon vouloit que les hommes employez au gouvernement s'accordassent eux-mesmes quelques tréves, & une suspension de cette milice contentieuse, afin que leur esprit estant plus libre, plus dégagé devint plus éminent & plus universel, n'ayant pour objet que l'idée du bien; & comme le Peintre jette mille fois les yeux sur l'original dont il prend copie pour l'avoir parfaitement juste, ainsi le Magistrat ayant conceu le bien qui se peut faire en la Justice, & en la Police, déploye toutes ses adresses pour trouver les moyens propres à l'établir. Rome eut pour ce sujet les feries, où il n'estoit pas permis au Juge de tenir le Siege, ni d'y donner audience. Elle tira cette coûtume de Numa, qui plusieurs fois l'année

l. 5. ff. de feriis & dilat.

ſe retiroit dans la ſolitude, ſans cour, & ſans ſuite, comme s'il n'euſt eſté-là que le Secretaire du ciel, dont il ſe vantoit de recevoir les ordres qu'il devoit publier au peuple. Scipio, Læ-lius, & les autres plus illuſtres perſonnes de cet Etat, garde-rent politiquement cette coû-tume, qui les faiſoit conſiderer avec de plus grands reſpects, comme ſi l'amour de la patrie pour laquelle ſeule ils n'avoient que des penſées & des deſirs, les ayant fait mourir en quelque ſorte à eux-meſmes, obtenoit pour eux du ciel une ſeconde vie, plus belle, plus agiſſante, immortelle par la renommée. Car, dit un grand Perſonnage, celuy qui ne vit que pour l'a-ction eſt mort en vivant.

Entre les Goths, Salmos an-cien & grand Conſeiller des Princes, ſe retiroit durant trois

Plutac. in Numa.

Æneas Sylvius ep. 72.

Crantius Seneſſ. lib. 1. c. 31.

ans dans la profonde solitude
d'un defert, où il fembloit n'a-
voir que la converfation des intelligences, au fortir de là, re-
venant dans fes emplois , fes
paroles eftoient receuës comme
des Oracles, fes conduites comme d'un favorable genie, d'où
l'on voyoit toûjours naiftre
un bien public. Les anciennes
Chroniques de noftre France,
depuis Pepin , remarquent les
lieux de pieté où nos Rois alloient paffer les bonnes Feftes
de l'année en devotion, pour y
recevoir de Dieu les lumieres &
les graces neceffaires au bien de
l'Etat. Ainfi quand la Juftice a
fes vacances , ce n'eft pas pour
changer les occupations du Palais en celles de la campagne ;
mais pour mettre l'efprit dans
fes libertez à la faveur de la fo-
litude , & fe fortifier en fe reti-
rant , comme la chaleur natu-

telle est plus vigoureuse en nos corps quand elle se ramasse en son centre, que quand elle se répand sur tous les muscles pour les actions exterieures ; Le cœur se remplit de sang, d'air & d'esprits quand il se reserre ; il se vuide & s'épuisse quand il se dilate. La fin de ces retraites, comme celle du repos & du sommeil, c'est de prendre un surcroist de forces, de belles lumieres, de genereuses resolutions de s'acquiter mieux que jamais des emplois publics, de retomber dans cette basse region des negoces, comme les vapeurs de la terre qui élevées par les chaleurs du soleil, y refondent en pluye grosses des qualitez celestes, pour y animer la fecondité des plantes. L'innocence de la vie, jointe à l'autorité de la Charge, les saintes paroles apprises dans la retraite, les bons exemples qui en sont les sensibles expressions, auront plus d'effet sur l'esprit des peuples que toutes les Ordonnances écrites, parce que le Magistrat est la Loy vivante qui porte la verité dans le cœur où est la source de la vie. C'est une douce contemplation de voir comment ces grands tumultes de procés, de guerre, ces extrémes activitez du commerce se terminent par le repos d'une bienheureuse eternité si la conduite en est juste. O quelles doivent estre les couronnes de ceux dont les vertus les ont fait meriter à tant de peuples, & qui en leur temps ont esté appellez comme Joseph à l'égard du peuple de Dieu, & comme Jesus-Christ, par une participation de sa grace les sauvera du monde.

F I N.

fant, ou de ſes ayans cauſe, à peine
de trois mille livres d'amende, con-
fiſcation des exemplaires, & de tous
dépens, dommages & intereſts, comme il eſt porté plus au long par ledit
Privilege.

Et ledit R. Pere Yves de Paris,
Capucin, a cedé le Privilege cy-deſ-
ſus à Nicolas Padeloup, Marchand
Libraire à Paris, pour en joüir ſui-
vant l'accord fait entr'eux.

*Regiſtré ſur le Livre de la Com-
munauté des Imprimeurs & Li-
braires de Paris, le vingt-deuxiéme
Decembre 1687.*

J. B. COIGNARD, Syndic.

Achevé d'imprimer pour la premiere fois le 27. Mars 1688.

A PARIS,
De l'Imprimerie de la Veuve DENIS
LANGLOIS, ruë S. Eſtienne des
Grecs. 1688.